中国南海研究院　主办

南海評論 1
SOUTH CHINA SEA REVIEW

吴士存　主编

南京大学出版社

图书在版编目(CIP)数据

南海评论. 1 / 吴士存主编. — 南京：南京大学出版社，2017.3
ISBN 978-7-305-18354-6

Ⅰ. ①南… Ⅱ. ①吴… Ⅲ. ①南海－国际问题－文集 Ⅳ. ①D815.3-53

中国版本图书馆 CIP 数据核字(2017)第 050460 号

出版发行	南京大学出版社
社　　址	南京市汉口路 22 号　　邮　编　210093
出 版 人	金鑫荣

书　　名	南海评论(1)
主　　编	吴士存
责任编辑	田　甜　李鸿敏　　编辑热线　025-83593947
照　　排	南京南琳图文制作有限公司
印　　刷	常州市武进第三印刷有限公司
开　　本	718×1000　1/16　印张 13.75　字数 160 千
版　　次	2017 年 3 月第 1 版　2017 年 3 月第 1 次印刷
ISBN	978-7-305-18354-6
定　　价	78.00 元

网址：http://www.njupco.com
官方微博：http://weibo.com/njupco
微信服务号：njuyuexue
销售咨询热线：(025) 83594756

* 版权所有，侵权必究
* 凡购买南大版图书，如有印装质量问题，请与所购
　图书销售部门联系调换

《南海评论》编委会

1. **顾问**

    傅　莹

2. **主编**

    吴士存

3. **编委**（以汉语拼音为序）

    范从来　冯　梁　高圣惕　高之国　洪　农　贾兵兵

    贾　宇　李国强　李明江　刘复国　鞠海龙　沈丁立

    沈固朝　薛桂芳　查道炯　张仁平　张　炜　张新军

    郑永年　邹克渊　朱　锋

4. **编辑**（以汉语拼音为序）

    陈平平　陈相秒　万秋波

2017,南海形势难望平静
（代序）

2016年7月12日,南海仲裁案裁决出炉之后,中国政府采取了外交、法理和舆论等一系列有效应对措施,同时致力于推动中菲关系改善,加快与东盟国家间的"南海行为准则"磋商,从而遏制住了南海形势高位运行的态势,使国际社会广为关注的南海局势呈现出"降温、趋缓"的特点。2017年南海形势能否继续维持"向好"发展态势,不仅取决于域内国家能否有效增进互信、管控分歧、扩大合作,同时也会受制于美日等域外国家的南海政策和作为。

南海形势向好发展的挑战与机遇并存

伴随南海争议实质的演变、仲裁裁决引发的南海"游戏"规则的变化,以及有关争端方和利益攸关方南海政策的可能调整,地缘政治竞争已经成为驱动南海形势走向的主要因素,南海仲裁裁决亦可能"死灰复燃"。因此,未来南海形势发展的不可预测性增加。2017年南海形势持续趋缓可能面临的挑战可概括为"一对主要矛盾、两个新的变数、三大驱动因素"。

"一对主要矛盾":受中美结构性矛盾的影响,两国在南海的博弈将随着中国的日益崛起和美国亚太战略的深度调整而"有增无减",甚至在一定阶段还可能趋于更加紧张和激烈。在特朗普执政初期,美国军方为赢得制定南海政策的主动权并维持防务预算的增加,不排除近期在南海蓄意制造摩擦、挑起事端的可能性。中美在南海地区的军力博弈或某种形式的军事对抗，将成为未来南海地缘政治竞争和海权争夺的显著特征。

"两个新的变数"：日本、中国台湾南海作为和政策调整将成为影响南海形势发展的新变数。在美国的支持、推动及自身政治和军事大国野心驱使下，一方面，日本可能加入美国主导的所谓南海"航行自由行动"和"联合巡航计划"；另一方面，日本通过加大对越南、菲律宾等国的资金援助和武器输出，推动与菲、越情报保护协定磋商，以扩大其在南海的军事存在，从而全方位介入南海问题。鉴于中日政治互信透支、军事战略对立、危机管控机制缺失，日本在南海地区军事存在的不断扩大必将大大增加中日在南海发生军事冲突的风险。

就台湾而言，"台独"理念和思维仍将主导蔡英文当局未来内外政策走势。可以预见的是，南海议题将成为蔡英文推行其"台独"路线难以回避的重要问题。在"台独"理念和"新南向政策"引导下，台湾未来南海政策或有进一步"倒退"之虞。随着台湾与大陆的南海主张逐步切割，出现两岸在南海的立场和主张"分化与不合作"最坏局面的可能性亦不能排除。

"三大驱动因素"：一是美、日等域外力量不会对中国坐大南海视而不见、无所作为，势必将利用中国南沙岛礁建设及其军事设施部署继续炒作南海"军事化"问题，为其进一步介入南海事务制造口实。二是美国将继续打着"航行自由行动"旗号，推进南海联合巡航或强化南海巡航常态化、机制化，与往年比较，2017年美军"航行自由行动"的海域和方式都可能出现新的变化；在岛礁自卫军事设施部署到位的前提下，中国的应对能力和反制手段也会有很大提升、改善。三是随着"准则"磋商谈判的逐步深入，中国与东盟国家围绕"准则"条款所涉及的某些关键问题的分歧可能会更加突出，达成共识的难度不容低估，甚至不能排除陷入僵局的可能性。上述任一情况的发生，都必然会引发和驱动南海形势再度升温。

2017年，引导南海形势向好发展也有诸多有利因素：

一是中国与东盟国家预计将于今年上半年完成"准则"文本框架磋商，因此，"准则"谈判的加速将为增进政治互信，强化海上危机管控，约束有关声索国在南海的单边活动，促进地区形势维持相对稳定提供制度性的保证。

二是中菲友好关系的全面恢复，特别是两国围绕南海问题的分歧和冲突已开始走向协商与合作，这将为双方在2017年推动海上资源开发、海洋渔业、海上执法等领域的合作创造了条件，也从根本上消除了域内国家继续制造新麻烦的可能性。

三是随着南沙岛礁建设进入设施建设的新阶段，中国对南海形势的引导和塑造能力正在稳步提升，特别是利用所建设施向国际社会提供公共产品、管控海上潜在危机、推进南海海上务实合作、维持地区形势持续"向好"发展的能力将是其他国家所望尘莫及的。

2017年南海形势"双线"并行

在积极因素和消极因素的交织影响下，2017年南海形势走向可能呈现"搅局"、"合作"两条主线并行的独特景象，即由于美日等国家对南海事务的深度介入，中国与美、日等部分域外力量在南海的地缘政治竞争进一步趋于紧张，甚至恶化；而随着中国与东盟国家政治互信的提升、安全合作的扩大和海上合作项目的推进，南海海上形势发展的"向好面"基本盘将难以撼动。

一方面，美国在南海军事存在的不断扩大和持续推进，尤其是南海海上航行自由行动的"常态化"，美国所挑起的中美在南海的地缘政治竞争将成为南海问题升温的主要动因。同时，随着日本"新安保法"的生效、南海政策的调整和追随美国在南海的军事行动，2017年中日以军事对抗为主要形式的南海地缘政治较量可能显现化。此外，台湾蔡英文当局南海政策可能朝着"迎合美日、呼应东盟"的方向继续调整。且南海问题与台海、东海问题相互作用而引发"三海"联动的局面或将初露端倪。

另一方面，尽管不能排除个别声索国未来仍可能利用仲裁裁决挑战中国南海权益主张，但随着"准则"磋商的进程加快、早期收获项目的落地，以及中菲双边关系的全面改善、南海合作领域的的扩大与推进，中国和其他声索国就南海争议回归双边谈判协商解决形成新的共同认知。因此，我们有理由相信，中国与有关声索国围绕南海问题的分歧和矛盾趋于缓和的大方向不会改变。

总之，与往年相比，影响2017年南海形势发展的不确定因素明显增多，在2017年要维持相对稳定和平静并非易事，时而风平浪静、时而波涛汹涌将会成为今后一段时间南海形势的"新常态"。南海是南海周边国家的共同家园，南海的和平稳定既涉及南海地区各国的切身利益，也是国际社会的共同关切。区域内外有关各方应相向而行，共同朝着让南海回归平静、让南海争议回归本位、让争议解决之道回归正轨的方向而努力。

吴士存

２０１７年１月

目 录

2017,南海形势难望平静(代序) / 001

南海问题与国际法

南海局势及南沙群岛争议:历史回顾与现实思考
　　　　　　　　　　　　　　　　　　　傅　莹　吴士存 / 001
南海问题的国际舆论:态势、主体与传播平台　　鞠海龙 / 025
美国航行自由计划在南海的新进展:"去管制"还是"再平衡"?
　　　　　　　　　　　　　　　　　　　　　　张新军 / 046

南海仲裁案研究

中国为何不执行南海仲裁裁决?　　　　　　　　高圣惕 / 067
论南海仲裁案后岛屿制度之实践
　　——明确标准或制造争端　　　　　　　　戴宗翰 / 101
"南海仲裁案"的可裁决性问题再考
　　——以宣告式判决的理论与实践为视角　　　叶　强 / 120

南海历史及其他研究

与黄岩岛相关的几个外国历史地名考论　　　　　王　胜 / 142
气候变化下渔业规制的未来思考　　　　　　　　邹克渊 / 170

会议综述

"2016年海峡两岸南海问题学术研讨会"综述　　陈平平 / 197

附录

中国南海研究院简介　　　　　　　　　　　　　　　　 / 208

南海问题与国际法

南海局势及南沙群岛争议：历史回顾与现实思考①

傅 莹 吴士存②

|摘 要| 南海形势从 2009 年，特别是 2012 年开始变得紧张而复杂。在和平与发展的时代大背景下，在东亚区域合作经历蓬勃发展之后，南海问题何以发展到今天的地步？这个过程中都发生了什么？是什么事、什么行为导致了今天的反应和结果？这些都非常值得回顾和审视。本文旨在梳理南海局势演进过程中发生的许许多多或大或小的事件，展示出它们之间的可能关联及互动，希望能够借此梳理出南海问题发展的脉络，为关心和关注南海问题的人们更好地了解和认识其实质提供有价值的参考。

|关键词| 南海问题 《南海各方行为宣言》 亚太再平衡战略 南沙岛礁建设

一、导 言

近年南海问题逐渐成为关于中美关系的最重要话题，双方在外交和舆

---

① 本文首发于 2016 年 5 月 11 日《中国新闻周刊》总第 755 期，个别地方略有删改。

② 傅莹，全国人大外事委员会主任委员、中国社科院国家全球战略智库首席专家、中国国际经济交流中心特邀副理事长；吴士存，中国南海研究院院长、研究员，中国南海研究协同创新中心副主任，外交部外交政策咨询委员会委员。

论场合不断相互喊话,军事上也出现紧张气氛甚至摩擦。中美之间的竞争与对抗似乎正在通过南海问题展现出来,彼此都开始从战略层面评估对方意图。

最新的话题是"南海军事化"、"航行自由宣示行动",双方国内都出现"武力相向"的声音。而围绕南海问题的龃龉,进一步凸显了双方战略互信的缺失,对抗情绪也在两国社会扩散。美国学者戴维·兰普顿用"中美关系日益接近一个'临界点'"来表达担忧。[①] 由此可见,南海问题即便不是造成中美关系困境的主要原因,也是一个重要"催化剂"。

对于导致当前局势的原因,中美看法全然不同。在中国,人们普遍认为,正是美国推进"亚太再平衡"战略,在南海问题上拉偏架,甚至直接走向前台插手干预,使问题复杂化,让南海议题愈演愈热。而美国方面的声音则认为,中国"不遵守国际法",在南海搞武力胁迫,意图排挤美国力量,用"切香肠"的渐进模式控制整个南海,让南海变成中国的内湖。

回顾历史不难发现,南海问题是中国与越南、菲律宾等部分东南亚国家间历史遗留的局部争议问题,其本源焦点是围绕南沙群岛及其附近海域的主权和权益之争。世界近代史乃至二战后发生的冷战,在许多亚非拉国家中埋下争端的隐患,像南沙岛礁这种争议在世界上并不鲜见。

20世纪60年代末南沙附近海域所蕴藏的大量石油被发现,加之联合国的《大陆架公约》、《联合国海洋法公约》等涉及大陆架和专属经济区制度的国际公约陆续出台,岛礁争议被赋予了新的内涵,对于南海的关注

---

① 《专访兰普顿:中美关系离临界点更近了》,载BBC中文网,2015年9月17日,http://www.bbc.com/zhongwen/simp/china/2015/09/150917_us_china_david_lampton,2016年7月6日。

焦点从岛礁之争进一步扩展到海域划界之争。但南海问题在很长时间内是局部的和可控的。一个很好的例证就是，从20世纪90年代开始，中国与东南亚国家的关系度过了"黄金二十年"，合作得到长足发展，经贸关系尤其令人瞩目。自1991年至2010年年底，中国与东盟国家贸易总额从不到80亿美元增长了约37倍，增至近3 000亿美元。[①] 这期间中国的经济总量快速增长，而东南亚国家除了内部存在困难的个别国家，大部分国家的经济总量也都增长了5倍以上。

南海形势是从2009年，特别是从2012年开始加剧紧张起来的。在和平与发展的时代大背景下，在东亚区域合作经历蓬勃发展之后，南海问题如何发展到了今天这一步？这个过程中都发生了什么？显然不是一件事或者一个原因导致事态的扩散和变化。那么，是什么事、什么行为导致了什么样的反应和结果？这些是非常值得回顾和审视的。

二、日本等国对南沙群岛的侵略和南海诸岛的战后安排

南海是西太平洋地区最大的陆缘海，北靠中国大陆和台湾岛，东接菲律宾群岛，南邻加里曼丹岛和苏门答腊岛，西接中南半岛和马来半岛，总面积约350万平方公里。南海是连接两洋三洲的要冲，东北部经巴士海峡、巴林塘海峡等众多海峡及水道与太平洋相沟通，东南经民都洛海峡、巴拉巴克海峡与苏禄海相接，南面经卡里马塔海峡及加斯帕海峡与爪哇海相邻，西南经马六甲海峡与印度洋相通。南海还蕴藏着丰富的渔业、油

---

① 李顺德等：《东南亚联盟国家知识产权环境研究》，国家知识产权局规划发展司，2014年12月，http://ppac. org. cn/uploadfile/2013/0225/%E4%B8%9C%E5%8D%97%E4%BA%9A%E8%81%94%E7%9B%9F%E5%9B%BD%E5%AE%B6%E7%9F%A5%E8%AF%86%E4%BA%A7%E6%9D%83%E7%8E%AF%E5%A2%83%E7%A0%94%E7%A9%B6. pdf，2016年7月6日。

气等资源,对各沿海国经济的可持续发展有着举足轻重的作用。

中国在南海拥有西沙、南沙、中沙和东沙四大群岛,其中,南沙群岛在诸岛中居南,岛礁沙洲最多,散布最广,位于北纬 3°40′ 至 11°55′,东经 109°33′ 至 117°50′。东南向西北延伸达 1 000 公里,分布着大小 230 多个岛屿、沙洲与礁、滩。当前引发关注的南沙群岛是中国最早发现和命名的,中国最早并持续对南沙群岛行使主权管辖。① 20 世纪 30 年代以前,国际上对中国南沙群岛的主权状况没有争议,世界上有不少地图和百科全书标明南沙群岛属于中国。

20 世纪初,随着西方殖民者和帝国主义者加大对中国及东南亚地区的侵略,英国、德国、法国、日本等开始觊觎南沙群岛,但他们的企图无一例外都遭到中国晚清政府、国民政府以及民众的强烈反对,大部分侵略举动都以失败告终。二战爆发后,1939 年日本为实施控制东南亚和澳大利亚的"南下战略",侵占了中国南沙群岛部分岛礁。②

1943 年 11 月,中国、美国、英国三国首脑在《开罗宣言》中写明:"……三国之宗旨在剥夺日本自 1914 年第一次世界大战开始以后在太平洋所得或占领之一切岛屿,在使日本所窃取于中国之领土,例如满洲、台湾、澎湖列岛等,归还中华民国。"1945 年 7 月 26 日发表的《波茨坦公告》第八条规定:"《开罗宣言》之条件必将实施,而且日本之主权必将限于本州、北海道、九州、四国及吾人所决定其他小岛之内。"

---

① 中国对南沙群岛的认识最早可追溯至汉代,唐宋时期中国对南沙的认识以及在南沙的经营开发都有了长足的发展,至明清两代,中国已明确了对南沙群岛的主权管辖,出版的权威地图都将南沙群岛列入中国版图。

② 日本于 1939 年圈出北纬 7°～12°、东经 111°36′～117°30′ 七边形区域内的南沙部分海域,将其中的南沙部分岛礁,包括太平岛、南子岛、北子岛等,统称为"新南群岛",划归"台湾总督府"高雄州高雄市管辖。

日本战败后，国民政府于 1946 年 12 月派舰巡视和收复了太平、中业等南沙群岛主要岛礁，接收了南沙全部岛礁并进驻南沙主岛太平岛。1947 年，国民政府重新命名包括南沙群岛在内的南海诸岛全部岛礁、沙滩共 159 个，并公布施行。同时，国民政府对外公布中国南海疆域图，用 11 段线标注了中国在南海的领土主权和历史性水域范围。此后相当长时期内，美国官方对此未持异议，考虑到二战后美国在亚洲的重要影响、国民政府及后来的"台湾当局"与美国长期保持盟友关系，美国对这一切显然是知晓和认可的。

海峡两岸的分裂、冷战的爆发、全球两大阵营的对立，使得美国政府在南海岛礁归属问题上有了更多权宜的考虑。这首先体现在战后的对日和约安排上，旨在解决战后日本作为战败国的领土及国际地位问题的《旧金山对日和平条约》（以下简称"旧金山和约"）于 1951 年 9 月 8 日签署、1952 年 4 月 28 日正式生效。该和约声明"日本承认朝鲜半岛之独立，放弃台湾、澎湖、千岛群岛、库页岛、南沙群岛、西沙群岛等岛屿的主权"，其中第二章"领土"部分第 2 条第 6 款规定"日本放弃对南沙群岛与西沙群岛之所有权利、名誉与请求权"，但未言明南沙群岛等领土的归属。

中国是日本军国主义战争罪行的最大受害国和第二次世界大战的四大战胜国之一，中华人民共和国却未被邀请出席旧金山会议。对此，中国政府于 1951 年 8 月 15 日发表《中华人民共和国中央人民政府外交部部长周恩来关于美英对日和约草案及旧金山会议的声明》，宣布包括南沙群岛在内的南海诸岛"向为中国领土"，反对《旧金山和约》虽然规定日本放弃对南海有关岛屿的一切权利却不提归还主权问题，重申有关岛屿在日本投降后"已为当时中国政府全部接收"，中华人民共和国在有关岛屿的主权"不受任何影响"。①

美国为了推动日本与"台湾当局"缓和关系以更好地服务其亚太战略,1952年主导日本和台湾签署了《日台条约》,其第二条延用《旧金山和约》模式规定,"兹承认依照公历一千九百五十一年在美利坚合众国金山市签订之对日和平条约……第二条,日本业已放弃对于台湾、澎湖群岛以及南沙群岛、西沙群岛之一切权利、权利名誉与要求"。其含义无疑是,当时仍然被美、日两国承认的"台湾当局"代表中国接收了日本放弃的南海诸岛。

三、冷战背景下的各方博弈

20 世纪50 年代中期,菲律宾和当时的南越开始在南沙搞一些动作。1956 年菲律宾航海家克洛马宣布在南沙群岛海域航行过程中"发现""许多岛屿",并将它们定性为"自由地",菲律宾政府遂据此认为这些岛屿属菲,企图抢占部分南沙岛礁。而菲政府对"台湾当局"的南沙主权立场是知晓的,曾欲派官员赴台湾协商南沙岛礁归属问题。② 1962 年起,南越陆续占领了南子岛、敦谦沙洲、鸿庥岛、景宏岛、南威岛、安波沙洲,遭到了海峡两岸的强烈反对和抗议。

更大规模的侵占浪潮发生在 20 世纪七八十年代。这与南沙附近海域油气资源的发现,以及《联合国海洋法公约》的谈判与签署有很大关系。20 世纪 60 年代末,美国及联合国多个调查机构宣称,在南海大陆架上发现丰富油气资源;而 200 海里专属经济区则是《联合国海洋法公约》的最

---

① 中华人民共和国外交部、中共中央文献研究室:《周恩来外交文选》,北京:中央文献出版社,1990 年,第 38-46 页。
② 新华社电讯稿《中华人民共和国政府郑重声明 中国对南沙群岛的主权绝不容许侵犯》,载《人民日报》,1956 年 5 月 30 日,第 1 版。

大制度创建之一。

在巨大资源前景的诱惑刺激下,越南、菲律宾、马来西亚纷纷伺机在南沙夺岛占礁。当时的越南北方政权原本明确承认了中国对南海诸岛的主权,但南北统一大势确立后,北越随即改变了立场与政策,①1975年先是以"解放"为名,占据了曾经被南越当局侵占的南沙群岛6个岛礁,后又陆续抢占了染青沙洲、万安滩等18个岛礁。1988年3月14日,越南还在赤瓜礁附近与中方爆发了海上冲突。菲律宾陆续占据了费信岛、中业岛等8个南沙岛礁,马来西亚则侵占了弹丸礁、南海礁和光星仔礁。这些国家都大幅调整了在南沙群岛等问题上的原有立场,以制定国内涉海法律、发表政治声明等方式,纷纷正式提出对南沙群岛的主权诉求,并且开始对南沙周边的海域提出权益要求。

此段时期,美国通过外交询问、申请测量、通报航行飞越计划等方式,显示了其承认中国对南沙群岛主权的立场,"台湾当局"还曾在南沙有关岛礁上接待过美国军事人员。对于菲律宾、越南等国在南沙夺岛占礁的疯狂举动,美国长期未有明确态度,但曾多次向"台湾当局"咨询对这些岛礁主权归属问题的意见。② 1957年至1961年2月,美军驻菲律宾的空军人员在黄岩岛及南沙群岛区域实施海图测量及气象调查时,曾多次

---

① 1974年之前,无论是越南政府的照会、声明,还是其报刊、官方地图,均承认西沙群岛和南沙群岛是中国领土。例如,1958年9月4日,中华人民共和国政府发表《关于领海的声明》,明确地对世界宣布,"西沙群岛和南沙群岛是中国领土,适用领海宽度12海里主权范围"。9月14日,越南民主共和国总理范文同向中华人民共和国总理周恩来签发外交照会,表示"承认和赞成"中国的上述声明,并承诺在国家关系中"彻底尊重"中国的领海主权。

② A. V. H. Hartendorp, *History of Industry and Trade of Phillipines*: *the Magsaysay Administration*, Manila: Philippine Education Co., 1961, p. 217; 萧曦清:《中菲外交关系史》,台北正中书局,1995年,第831页。

向台湾当局提出申请,也表明美国实际上认为中国拥有这些岛礁的主权。而同期,美国出版的地图和书籍,例如1961年版的《哥伦比亚利平科特世界地名辞典》、1963年版的《威尔德麦克各国百科全书》、1971年版的《世界各国区划百科全书》等,也均确认中国对南海诸岛的主权。美国的政策困境是,一方面基于道义和国际法理应承认中国对这些岛礁的主权,但另一方面由于反共和推进亚太战略的考虑,美国又不情愿让中国大陆占有这些岛礁,更不愿因此损害与菲律宾等盟友的关系。

而长期以来,只有太平岛在台湾当局占领之下,中国大陆在20世纪80年代末开始控制并驻守较小的六个岛礁,1994年在美济礁上建筑了渔船避风设施。

四、通向《南海各方行为宣言》的曲折之路

20世纪90年代初,在冷战终结、亚太国家关系缓和、经济发展成为主基调的大背景下,中国与东南亚国家及东盟的关系发展步入快车道。1990年中国与新加坡建交、同印度尼西亚复交,1992年中国成为东盟的磋商伙伴。在开创和维护周边稳定政策的驱动下,中国对东盟确立了增信释疑和全面开展合作的政策。这期间围绕南沙群岛存在的争议是中国与东南亚国家讨论最多的问题之一。中国一向坚持对南沙群岛拥有无可争辩的主权,但是,考虑到维护与东南亚国家稳定关系的现实需要,中方沿用了对东海钓鱼岛争端采取的方针,一方面坚持主权立场,另一方面向东盟国家提出"搁置争议、共同开发"的主张①,避免争议干扰周边稳定

---

① 1992年7月,中国外长钱其琛参加了在马尼拉举行的第25届东盟外长会后对话会,期间同东盟六国外长就南海问题交换了意见,确认中方"搁置争议、共同开发"的主张,指出中方愿在条件成熟时同有关国家谈判寻求解决的途径。

与合作的大局。

1991年中国与越南双边关系实现正常化。自1995年始，随着越南、缅甸、老挝、柬埔寨先后正式加入东盟，东盟扩大为10国。1996年，中国成为东盟全面对话伙伴国。在随后的亚太金融危机中，中国负责任的态度赢得了东盟国家的广泛赞誉，双方关系迅速走近。1997年在马来西亚吉隆坡举行首次中国—东盟领导人非正式会议，双方确立建设"面向21世纪的睦邻互信伙伴关系"。

在此期间，中国与东盟关系的快速发展基本掩盖了南海局势的起伏波动，但有关争议仍不时凸显。一是相关国家启动了新一轮的占岛与油气开发行动。进入20世纪90年代，越南又侵占5个南沙岛礁，使其实控南沙岛礁总数达到29个。到1994年3月，越南在南沙、西沙海域非法划出的石油招标区块已达120多个，覆盖了南沙、西沙大部海域。马来西亚1999年侵占了榆亚暗沙、簸箕礁，并疯狂开发南沙附近的油气和渔业资源。马在南沙海域的钻井数量占东南亚争端国钻井总数的一半以上，而20世纪90年代马执法力量在南沙海域驱赶、抓扣中国渔民渔船的次数也最多。

二是菲律宾在中国的美济礁、黄岩岛和仁爱礁等岛礁进行了多次挑衅行动。针对中国1994年在美济礁建设渔民避风设施，菲律宾反应激烈，1995年3月底出动海军，把中国在五方礁、仙娥礁、信义礁、半月礁和仁爱礁等南沙岛礁上设立的测量标志炸毁，甚至派出海军巡逻艇，在空军飞机的支援下，突然袭击了停靠在半月礁附近的4艘中国渔船，拘留了船上62名渔民。5月13日，菲律宾军方将争议升级，派船机试图强闯美济礁，与中国附近海域的"渔政34"号船进行了8个多小时的对峙。而中国坚持修建完相关设施。1997年4月底，菲律宾海军登上黄岩岛，炸毁中国主权碑，插上菲国旗，中国海监船一度与菲律宾军舰形成对峙。此后数年间，菲多次驱逐、逮捕甚至枪击航经黄岩岛海域的中国渔民。1999年5月9日，菲律宾海军将一艘舷号为57的坦克登陆舰"马德雷山脉"号开入仁爱礁，以船底漏水搁浅需要修理为由停留在礁上，此后一直以定期轮换方式驻守人员，再未离开。中方进行了反复严正的外交交涉。同年11月3日，菲海军又如法炮制，派出另一艘淘汰军舰，以机舱进水为由在黄岩岛潟湖东南入口处北侧实施坐滩。此次中方不可能再相信菲方谎言，施加了强大外交压力。菲时任总统艾斯特拉达下达命令，菲军方11月29日将坐滩军舰拖回码头。

在此期间，中国政府着眼于管控、稳定局势，维护中国与东盟关系大局，对菲、越、马等国进行了坚持不懈的外交努力，特别是与菲律宾进行了多轮磋商，推动局势走向缓和。1999年3月，中菲关于在南海建立信任措施工作小组首次会议在马尼拉举行。此后，双方又举行多次磋商，同意保持克制，不采取可能导致事态扩大化的行动。

东盟高度关注南海局势，也与中国进行了多轮磋商。各方还进行过专题"一轨半"闭门对话，就领土争议和海域划界进行深入探讨，中国大陆和中国台湾都参加，其中一个重要共识就是，南沙争议错综复杂，解决难度大，但应该坚持和平谈判解决，中方提出的"搁置争议"是最可行的选择；并且认识到，在岛礁领土主权争议解决之前，海域划界难以推进，保持模糊是明智的选择，同时应该鼓励推进"共同开发"。这些讨论为日后中国与东盟寻求共识提供了基础。1998年东盟峰会通过了旨在推进东盟一体化的"河内行动计划"，其中提出要"推动在争端当事方之间建立'南海地区行为准则'"。① 出于增信释疑和睦邻友好的考虑，中方原

---

① ASEAN, *1998 Ha Noi Plan of Action*, Ha Noi, December 15, 1998.

则上同意与东盟就"行为准则"进行磋商。①

2000年3月15日,中国与东盟在泰国举行非正式磋商,交换了各自起草的"准则"文本。由于各方在约束效力方面有较大分歧,中越对涉及范围也争执不下,"准则"的制订并不顺利,后来的数次磋商均未取得明显进展。2002年7月,在文莱斯里巴加湾市第35届东盟外长会上,马来西亚为了打破僵局,提议以一个妥协、非约束性的"宣言"取代"准则",得到东盟外长会接纳,会后发表的联合声明表示,东盟将与中国保持密切合作,为达成"宣言"而努力。② 此后数月间,中国与东盟进行了密集的沟通和协商,达成了《南海各方行为宣言》(DOC)。是年11月4日,由时任中国副外长王毅与东盟十国外长在柬埔寨金边第八届东盟峰会期间共同签署。

《南海各方行为宣言》(以下简称《宣言》)共有十条内容,主要是确认促进南海地区和平、友好与和谐的环境,承诺根据公认的国际法原则,包括1982年《联合国海洋法公约》,由直接有关的主权国家通过友好磋商和谈判,以和平方式解决领土和管辖权争议,而不诉诸武力或以武力相威胁;承诺在南海的航行及飞越自由;承诺保持自我克制,不采取使争议复杂化、扩大化及影响和平与稳定的行动,包括不在现无人居住的岛、礁、滩、沙或其他自然构造上采取居住的行动,并以建设性的方式处理分歧;

---

① 中华人民共和国外交部政策规划司主编:《中国外交》,北京:世界知识出版社,2000年,第659页。

② ASEAN, *2002 Joint Communique of 35th ASEAN Minister Meeting*, Bandar Seri Begawan, July 29—30, 2002.

同意在各方协商一致的基础上,朝最终达成制定南海行为准则的目标而努力。[①] 各方磋商《宣言》的焦点是南沙岛礁归属争议,主要着眼于防止岛礁争议失控,防止新的占岛、控岛行为。

值得注意的是,各方在《宣言》临近签署时在争议地区称谓问题上出现分歧。东盟多数国家习惯使用英文"SPRATLY ISLANDS"("斯普拉特利群岛")指代南沙群岛,但不反对中方自行使用中文"南沙群岛"和英文"NANSHA ISLANDS"。越南坚持使用"黄沙、长沙群岛"(即中国西沙、南沙群岛)称谓,而中国从未承认西沙群岛存在争议,《宣言》讨论也不涉及西沙群岛,中方不能接受越方无理要求。但在各方持久僵持不下的情况下,为了顾全大局,中方同意在《宣言》中使用了"南海各方"、"南海的航行及飞越自由"、"南海行为准则"等笼统表述,对于岛礁争端也只是泛泛表述为"不在现无人居住的岛、礁、滩、沙或其他自然构造上采取居住的行动",没有具体到南沙群岛。《宣言》为南沙争议降温和地区稳定做出重要贡献。但《宣言》涵盖范围称谓上的模糊化处理为南沙争议泛化埋下伏笔,在后来的年月里,"岛争"与"海争"的概念更加混淆,在其他因素的推动之下,局部的南沙岛礁和附近海域划界之争存在进一步向全面的南海争议扩展的风险。

冷战结束初期,美国在南海的政策是不对各方领土要求的合法性做出判断,只是强调用和平手段解决领土纠纷,同时关注南海的航行自由。在当时的全球安全格局中,由于中美关系的改善和两岸关系的缓和,亚洲不

[①] Nguyen Hong Thao, "The 2002 Decalration on the Conduct of Parties in the South China Sea: A Note", *Ocean Development & International Law*, 34: 3-4, pp. 282-284.《南海各方行为宣言》,载中国外交部网站, http://www.fmprc.gov.cn/web/wjb_673085/zzjg_673183/yzs_673193/dqzz_673197/nanhai_673325/t848051.shtml, 2016年4月11日。

构成美国关注重点。南沙偶然发生的争端也没有改变美国在主权问题上不选边的立场,美方强调的是各方以和平手段解决领土争端。①

五、总体平静但暗流涌动的十年

《宣言》签署后的10年,事实上只有中国基本遵守了其规定和原则,未采取使争议扩大化的行动,并且积极推动海上和平合作和共同开发。然而,越、马、菲等国从一开始就没有全面和认真地落实《宣言》,不断对所占据岛礁改建和扩建,加强行政管理,加紧油气资源开采,不时抓扣中国渔民等,这些国家的一个共同指向,就是固化非法侵占所得,否定存在争议,而不是"搁置争议"。而这些做法不断刺激中国国内民众,挑起舆论的反感情绪,使得他们对南沙问题的关注热度不减。

其中,越南方面最为活跃。2003年4月,越南举行"解放南沙"28周年纪念大会,6月与印尼秘密签订大陆架划界协定;2004年4月,首次组织旅游者前往南沙观光旅游;2005年年初,在行政版图调整中将中国的西沙、南沙群岛作为行政县分别编入越岘港市与庆和省;2006年年初,与马来西亚设立海军热线以协调解决南海资源开发、岛礁主权争议问题,4月进一步划定南沙油气招标区块,并宣布与外国企业合作在南沙修建天然气输送管道;2007年5月,租用俄勘测船对南海海域进行拉网式地质调查,6月宣布在南沙占领的部分岛礁举行"国会代表"选举等。马来西亚2003年4月先后派出4个海上作业编队共11艘勘测船在南通礁海域进行勘探测量活动,5月在弹丸礁附近海域举行国际海上挑战赛,并首次批准旅游船只赴榆亚暗沙经营旅游休闲项目;2004年11月发行将部分

---

① US Department of State Daily Briefing, May 10, 1995. http://www.state.gov/r/pa/prs/dpb/, 2016年4月11日。

南沙岛礁标入马版图的邮票；2008年8月其国防部长率近80名记者登弹丸礁宣示主权。菲律宾2003年4月在中业岛举行"卡拉延设市25周年"纪念活动；2006年6月启动中业岛机场跑道和其他设施修缮工程；2008年3月在所占岛礁设立卫星通信系统等设施。

不过，应当承认的是，在2009年以前，虽然各种摩擦不断，但南海局势总体上是可控的，局势复杂化的转折大约发生在2009年，这与联合国大陆架界限委员会关于提交200海里外大陆架界限信息的期限（2009年5月13日）有一定关系，而美国亚太战略的调整则是一个更大的刺激因素。

2009年1月，奥巴马政府甫一履新，即释放了将对小布什政府对外政策进行纠偏，把战略重点优先放在亚太地区的信号，这显然助长了部分争端方在南海与中国角力的信心。

2009年1、2月间，菲律宾国会参众两院通过《领海基线法案》，以国内法形式将中国的黄岩岛和南沙群岛部分岛礁划为菲领土。5月6日，越南、马来西亚无视在南海海域划界存在事实争议的情况，向联合国大陆架界限委员会联合提交200海里外大陆架划界案。7日，越方又单独提交南海外大陆架划界案，声称对中国西沙、南沙群岛拥有主权。这迫使中国也向联合国提交了中国关于200海里以外大陆架外部界限的初步信息，以防止自己的权益受到进一步损害。

中美在南海也开始出现摩擦，仅2009年，美国军舰与中国船只在侦察与反侦察过程中，至少发生了5起对峙摩擦事件。其中，最著名的当数"无瑕号事件"。①

进入2010年,美国对南海的政策加快转变,表现出"选边站"的倾向。7月23日,美国时任国务卿希拉里·克林顿出席在越南河内召开的东盟地区论坛外长会,就南海问题发表讲话,宣称"自由利用亚洲共享海域"、"在南中国海维护国际法"是美国的国家利益,强调各方要遵守国际法,反对使用武力或以武力相胁迫。根据她本人的回忆,"这些都是精心选择的措辞,是对早先中方声称其在本地区扩张性的领土要求属于'核心利益'的回应"②。此后,希拉里又多次就奥巴马政府的亚太政策以及南海问题发表针对性言论,而美国军方则大幅强化了在南海及其周边的力量存在和军事演习等动作。

为稳定南海局势,缓和东盟国家的紧张情绪,中国政府进行了艰苦的外交努力,取得一定进展。2011年7月,在印尼巴厘岛举行的10+1外长会上,中国与东盟国家通过了落实《宣言》的指导方针;中菲、中越在双边沟通中也曾达成一定的谅解。但中国的努力未能对冲美国亚太战略调整带来的影响,更未能换来菲、越等方的克制。菲、越等方对所占南沙岛礁继续进行改扩建,与美国在南海周边频繁军演,一些国家出现抱团针对中国的倾向,而且不断采取完全无视中方关切的做法。2011年3月,菲军方披露,计划投入2.3亿美元修整在南海岛屿上的军营和机场。

---

① 美国海军"无瑕"号(USNS Impeccable T-AGOS-23)是一艘美国海军监测船。2009年3月8日,"无瑕"号海监船在中国海南岛南部120公里处海域(中方认为是其专属经济区,美方认为是公海)与5艘中国船舶相遇,包括一艘中国海军情报搜集船、一艘海事局渔业监督船、一艘国家海洋水文监督船和两艘小型悬挂中国国旗的渔船。

② Hillary Rodham Clinton, *Hard Choices*, NY: Simon & Schuster, 2014, p.79; Speech of Hillary Rodham Clinton, Vietnam, July 23, 2010, http://www.state.gov/secretary/rm/2010/07/145095.htm, 2016年4月11日。

6、7月间，菲、越等国会同域外力量在南海举行了多场敏感的军事演习。菲总统阿基诺三世还下令用所谓"西菲律宾海"一词替换"南中国海"这一国际通用地名，意图强化菲律宾对相关岛礁和海域的主权声索地位，并获得美国官方一定的认可。2012年3月，菲越就在南海进行联合军演和开展海上边界共同巡逻达成协议，4月，越南派出僧侣进驻其所占南沙岛礁的寺庙。

东盟部分国家和美国的这些动作在中国受到媒体的密切关注，而媒体的广泛报道也激起公众的强烈反响。中国的克制政策面临政策延续性和民意的双重压力。

六、南海局势加剧紧张的背后

2012年4月发生的黄岩岛事件可以说是"压倒骆驼的最后一根稻草"，突破了中国政策和忍耐的底线。黄岩岛属中国中沙群岛，以东隔马尼拉海沟与菲律宾群岛相望。1898年《美西巴黎条约》、1900年《美西华盛顿条约》和1930年《英美条约》等明确规定了菲领土界限西限以东经118°为界，黄岩岛在此范围之外。直到20世纪90年代，菲律宾出版的地图还将黄岩岛标绘在菲领土界限之外。

4月10日，12艘中国渔船在黄岩岛潟湖内例行作业，突然出现的菲律宾军舰对渔民进行堵截和干扰。中国渔民被菲律宾军人扒去上衣在甲板上暴晒的照片，瞬间成为中国各大媒体和网站的头条新闻，引发全国性声讨。菲律宾的粗暴挑衅和中国国内舆情的强烈反应，促使中国政府不得不采取反制行动，一方面进行紧急外交交涉，另一方面派出海监和渔政船只尽快抵达黄岩岛现场，双方进行了激烈交锋。直至6月3日，菲方船只才全部撤出黄岩岛潟湖。为防止菲律宾新的挑衅行为，中国船只留守黄岩岛附近海域，开始实施实际管控。

此时越南方面也有了新动作。6月21日,越南国会审议通过《越南海洋法》,意在用国内法为越方主张披上合法外衣。① 该法通过当日,时任中国外交部副部长张志军召见越南驻华大使阮文诗提出严正交涉。同日,中国宣布建立地级三沙市,政府驻西沙永兴岛,管辖西南中沙群岛的岛礁及其海域,并在随后数月间采取了落实三沙设市的一系列行政、司法、军事举措。

2013年1月22日,菲律宾正式向联合国海洋法法庭提请针对中国的仲裁。对此,中国外交部多次发表声明,指出"菲律宾和仲裁庭无视仲裁案的实质是领土主权和海洋划界及其相关问题,恶意规避中国于2006年根据《联合国海洋法公约》(以下简称《公约》)第298条有关规定做出的排除性声明",强调中方"不承认、不参与"。

显然,中方对菲启动仲裁是持完全否定立场的。菲律宾声称其提出仲裁的理由是与中国之间的协商和谈判已陷入僵局,但事实上,菲方自黄岩岛事件以来一直拒绝与中方进行任何严肃的对话,遑论谈判,也未与其他DOC成员协商。再者,中国已在2006年根据《公约》第298条做出了排除性声明,由于仲裁庭的管辖涉及主权、海域划界和历史性权利及所有权,因而已免于管辖。2016年7月12日,仲裁庭做出了最终裁决,其"一边倒"地支持菲律宾立场的不公正做法也让国际社会和中国人民大跌眼镜。为此,中国政府重申了其"不接受,不承认"裁决的一贯立场。

---

① 《越南海洋法》核心内容包括:明确适用范围包括越南主张的各种管辖海域、各岛屿、"黄沙群岛"和"长沙群岛"及其他群岛,强调"发挥越南全民族的力量,采取各种必要措施"保卫越南在海域、岛屿和群岛的主权、主权权利和管辖权;根据《联合国海洋法公约》确定了越南的海域制度,规定采用直线基线法确定其领海基线,特别提及大陆国家很少使用的"群岛"概念;强调发展海洋经济,推动开展国际和区域合作;明确了海上巡逻和检查力量。

此外，仁爱礁打桩事件和"中建南"事件进一步恶化了局势。菲律宾1999年坐滩仁爱礁的军舰面临解体风险，菲方一直寻机在礁上打桩以实施占领。中方对此保持高度警惕，2014年3月成功阻止了携带建筑物资的菲军舰驶向仁爱礁，两国政府船只发生对峙。菲律宾在舆论上大肆渲染，吸引国际关注和美国介入。

2014年5月中国在西沙海域启动"中建南"项目两口探井的钻探作业，"中国海洋石油981"平台从5月2日至8月15日在西沙中建岛南部17海里海域附近进行钻探作业，遭到越南数百艘政府船只的骚扰，并引发了中国海警船队与越南执法船的多次追逐甚至冲撞，场面一度激烈。

针对南沙整体形势的变化，并且为了彻底改善中国南沙岛礁民生，满足基本军事防御和维护主权权益的需要，中方于2013年年底在自己控守的岛礁上开始了扩建工程，这些岛礁都远离国际航道，完全不存在影响航行自由的问题。但美国和菲律宾等国反应强烈，并且大肆炒作和指责中国。2015年4月9日，针对外界关切，中国外交部发言人华春莹在记者会上对有关工程做了详细说明，指出：中国政府对南沙部分驻守岛礁进行了相关建设和设施维护，主要是为了完善岛礁的相关功能，改善驻守人员的工作和生活条件，更好地维护国家领土主权和海洋权益，更好地履行中方在海上搜寻与救助、防灾减灾、海洋科研、气象观察、环境保护、航行安全、渔业生产服务等方面承担的国际责任和义务。有关建设是中方主权范围内的事情，不影响也不针对任何国家。[①] 最近，中方消息显示，一批为国际社会提供公益服务的灯塔、自动气象站、海洋观测中心、海洋科

---

① 《外交部：中国对南沙部分驻守岛礁的建设合情合理合法》，载新华网，2015年4月9日，http://news.xinhuanet.com/2015-04/09/c_1114920500.htm，2016年4月11日。

研设施等项目建设正顺利开展。5个用于航行安全的灯塔已建成，其中4个已正式启用。

中国的作为并没有得到周边国家的完全理解，相反引发了部分周边国家的担忧。而美国也加大对南海事务的介入力度，以中国岛礁扩建工程"规模过大、速度过快"、"岛礁军事化"等话语，全面向中国施压，甚至采取了派军舰接近中国南沙和西沙岛礁的行动，被中方视为严重的军事和安全挑衅。

在中国国内许多人看来，美国是当前南海局势紧张的最大推手。首先，美国在加快推进"亚太再平衡"战略时，愈来愈将中国视为在亚太的主要针对目标。2013年，美军确定了"两个60%"的军力部署目标，即在2020年前将60%的海军舰艇、海外60%的空军力量部署到亚太地区。此外，美军抓住一切机会炒作中国"反介入与区域拒止"威胁，积极完善为中国量身打造的"空海一体战"等作战概念。这些举动无疑都增加了包括南海在内的亚太局势的复杂化与紧张程度。中国许多学者开始关注，美国是否在为其亚太战略调整预设威胁甚至危机，然后导致"预言的自我实现"。

2014年起，美国针对中国周边问题做出了更加清晰化的表态，在南海问题上呈现出直接介入争议和偏袒盟友及其他争议方的姿态。2014年2月5日，美国亚太事务助理国务卿丹尼尔·拉塞尔在众议院有关东亚海洋争端的听证会上作证时，指责中国的"断续线"主张"缺乏国际法基础"，"影响了地区的和平与稳定"，要求中国予以澄清。[①] 这是美国官方首次在南海争端问题上点名向中国发起挑战。而美方很清楚，在南沙

---

① Speech of Daniel R. Russel, Washington. DC, February 5, 2014, http://www.state.gov/p/eap/rls/rm/2014/02/221293.htm, 2016年4月11日。

领土主权争议未决的情况下,明确断续线或者任何海域主张都无异于强化争议和紧张。同月,美国海军作战部长乔纳森·格林纳特在菲律宾宣称,如果中菲在南海发生冲突,美国将支持菲律宾。① 这是美方在中菲南海争端中所做出的最强硬表态。8月,美国国务卿克里在缅甸内比都举行的东盟地区论坛外长会期间,还直接提出"三停止"要求,即停止填海造岛、停止修建建筑、停止采取可能会进一步加剧冲突的激进行动。

而在美国,"成本强加"战略开始成为政策选项,即动用政治、外交、舆论、军事等各类手段,增加中国南海行动的成本,迫使中国后退,以期在不发生武装冲突的情况下制止中国的所谓南海扩张。② 2015年美国发布了《21世纪海上力量合作战略》、《国家安全战略》、《国家军事战略》、《亚太海上安全战略》四个战略文件,都用较大的篇幅谈到南海,并声称要让中国付出代价。美国南海政策的大幅调整不仅削弱了美方说话地位的公正性,也进一步加深了中方对自身利益受到更多损害的担忧,刺激中方增强捍卫自身利益能力的决心。

与美国政策调整相伴随的是,美军对中国的行动指向性越来越明显,各类威慑、挑衅动作愈加频繁。例如,美军明显加强了对中国南沙岛礁周边海域海空抵近侦察的活动力度,美国军机对中国在南海的抵近侦察从

---

① Jonathan W. Greenert, Chief of Naval Operations, February 13, 2014, http://www.navy.mil/navydata/people/cno/Greenert/Speech/140213%20National%20Defense%20College%20of%20the%20Philippines%20remarks%20only.pdf, 2016年4月11日。

② The challenge of responding to maritime coercion, Retrieved from http://www.cnas.org/sites/default/files/publications-pdf/CNAS_Maritime1_Cronin.pdf, 2016年4月11日。

2009 年约 260 余架次增加到 2014 年的超过 1 200 架次。① 除强化抵近侦察外,美国还开始频繁向中国直接"大秀肌肉",进入中国南沙,甚至不存在争议的西沙岛礁 12 海里内进行"航行自由"宣示行动。 2015 年 10 月 27 日,美军导弹驱逐舰"拉森"号驶入南沙群岛渚碧礁临近 12 海里水域。 2016 年 1 月 30 日,美军"柯蒂斯·威尔伯"号导弹驱逐舰驶入西沙群岛中建岛领海。 与既往不同的是,美国每次都采取了在媒体上高调渲染的做法,美军太平洋总部司令哈里斯等官员还扬言今后的行动范围将更广泛,性质将更复杂,并保持每季度约两次的频率。②

此外,美国还展开了针对中国的其他威慑动作。 2015 年 7 月,美军新任太平洋舰队司令斯威夫特搭乘 P-8A "海神"反潜巡逻机对南海进行抵近侦察飞行;11 月 5 日,美国国防部长卡特登上"罗斯福"号航母就南海问题发表讲话,而当时该航母正位于南沙群岛以南 150～200 海里、马来西亚以北约 70 海里的南海敏感海域;11 月 8 日—9 日,美军 B-52 战略轰炸机连续两天飞越中国在南海扩建岛礁的附近海域;2016 年 4 月 15 日,美国国防部长卡特在访菲期间登上"斯坦尼斯"号航母巡航南海。 美军舰机还时常在中国领海领空发生"误闯"事件。

美国有意识地强化在南海周边的盟友体系和军事网络。 "亚太再平衡"战略实施以来,美国已在澳大利亚达尔文、新加坡樟宜基地,及菲律宾、马来西亚等环南海地区增加了力量部署。 美国也正在加强与南海周

---

① 《专家:美国频繁抵近侦察监视中国南海三大建设》,载人民网,2015 年 07 月 03 日,http://military.people.com.cn/n/2015/0703/c1011-27247801.html,2016 年 4 月 11 日。

② 《国防部新闻发言人:美军太平洋总部司令哈里斯关于南海言论"缺乏历史常识"》,载新华网,2016 年 1 月 28 日,http://news.xinhuanet.com/mil/2016-01/28/c_1117929534.htm,2016 年 4 月 11 日。

边的马来西亚、印度尼西亚、越南等国有关海域态势感知的情报及侦察合作,加大对其他南沙争端国的军事援助,重点是提高菲、越等国的侦察预警、巡逻管制以及反介入能力。2016年3月,美菲在第六次年度双边安全对话上宣布,美国将被允许使用菲律宾的六个基地。2016年4月,美菲"肩并肩"联合演习再度举行,演习科目十分具有针对性,包括失岛夺回、油井防护等,设定的背景即当下的南海争议。

美军在南海及其周边的排兵布阵推动地区局势进一步紧张,也使得南海争议在全球战略棋局中的位置被刻意夸大,貌似中美间的竞争开始超越其他矛盾成为南海局势的主线。回顾冷战后世界上发生的紧张和冲突,几乎都有美国的卷入甚至是主导,有的至今还没有了结。这不免使中国人要问,美国在南海意欲何为?

七、中方将增强管控局势的能力并推进合作

综上所述,南海局势发展到今天这个地步,是各种行为和言论在多条线索上相互纠缠、影响、牵制的结果,也是国际环境和地区安全形势变化使然。造成局势螺旋升级、各方不断相互刺激的因素中,不仅有基于主权、资源、战略安全诉求的现实利益纠葛,也有各方记忆中历史脉络的缺失和信息的不连贯,更有相互之间战略意图和政策目标的揣测与猜度。美国作为一个南海域外大国,其加大介入和立场的调整变化是2009年以来南海局势复杂化的主要肇因。大家关心的是未来局势会如何发展?美方关注中国下一步将采取什么新的行动,而中方对美方意图也产生深深的怀疑。围绕南海局势和南沙群岛的争议,存在矛盾激化甚至战略误判的风险。

中国在南海的利益诉求多少年来一以贯之,那就是维护国家领土主权完整性和维护地区和平安宁。观察中国不能忽略历史维度。中国虽然正

在成长为一个强大的国家,但是历史的烙印仍然深刻,我们这个国家是在帝国主义铁蹄侵略和践踏之下跌跌撞撞进入20世纪的,中国人民无法忘怀曾有一个多世纪的屡遭外敌入侵、强权欺凌的屈辱经历,那是国家和民族不可磨灭的记忆。也正是基于此,中国人民和政府始终对涉及领土主权完整的问题抱有极强的敏感性,绝不会允许那样的事哪怕在局部重演,这是外界在看待和判断中国时必须了解和考虑的。诚然,现在已经没有能对中国的生存与发展构成根本性挑战的重大外部威胁,中国坚定不移地走和平发展道路,致力于促进世界的和平、发展与合作,这方面的信念与承诺没有也不会改变。

中国国家主席习近平2016年4月8日在亚信部长会议上强调指出:中国一贯致力于维护南海地区和平稳定,坚定维护自身在南海的主权和相关权利,坚持通过同直接当事国友好协商谈判和平解决争议。① 从王毅外长与东盟国家的接触中可以看到,中方提出的"双轨"思路,即由直接当事国通过谈判协商妥善解决争议、中国和东盟共同维护南海的和平稳定,得到许多国家的认可和支持。东盟也认识到控制局势,重回对话轨道的重要性。

对中国在南海的目标可以从以下几个方面认识。首先,中国南海政策的根本出发点是维护国家的主权安全和海洋权益,一向是以静制动、后发制人。中国民众绝不会允许任何国家进一步损害中国在南海的岛礁及其附近海域的主权和权益,因此强烈期待国家有能力维护自身利益。中国将坚定不移地维护国家领土主权和权益,并增强管控局势和避免进一步损失的能力。目前看,只要没有重大威胁,可以继续本着尊重历史的态

---

① 习近平:《凝聚共识 促进对话 共创亚洲和平与繁荣的美好未来》,http://www.gov.cn/xinwen/2016-04/28/content_5068771.htm, 2016年5月1日。

度,坚持"搁置争议、共同开发"的政策。中方致力于通过协商谈判和平解决争议的政策不会改变。其次,中国的南海政策需要专注到维护航行自由和航道安全。南海是国际战略通道,有世界上最繁忙的商业航线,每年全球货物海运总量的40%要经过南海,南海航行自由与安全攸关世界各主要经济体的重大利益。中国贸易和能源70%~80%也依靠南海航线,是南海通道最大的使用者,南海也是中国海军走向世界的重要通道。再次,中国与周边国家在南海的最大公约数是维护地区和平稳定。中国没有旨在谋求所谓地区霸权的动机和设计。中国之所以一直努力管控与争端方的矛盾和分歧,就是考虑到周边总体环境的重要性。今后需要更多地向外界提供信息、分享资料,以期增进了解;更多地提供公共服务,以增加地区的安全与福祉;通过与东盟国家达成"南海行为准则",共同构建地区有效规则。长远看,作为南海最大的沿岸国,中国应在南海保持军事防御和维护和平的能力,增强推进谈判解决争议的主动地位。最后,中美在南海的共同战略利益是航行自由和安全以及南海周边地区的繁荣稳定。中美之间在南海并不存在争议,两国应该通过对话、澄清彼此意图来摆脱目前南海问题带来的安全困境和误解。中美需要也应该能够在南海逐步走向合作。中国正在建设海洋强国,世界范围内的辽阔海洋对中国的发展和全球合作越来越重要,中国的海洋视野注定要超越南海。外界用陆权思维和传统的海洋控制理念去揣度中国是没有道理的。

未来形势如何发展取决于各方的认识和选择,如果选择合作,可能是多赢;如果选择对抗,则可能是僵局甚至冲突,任何一方都难以从中完全获益。

南海问题的国际舆论：态势、主体与传播平台[①]

鞠海龙[②]

|摘　要| 2009年至今，国际舆论对南海问题日益关注。国际舆论对南海问题相关观点的引用和转述凸显了以美国及其盟友为首的政要、官方机构、智库在国际舆论话语建构方面具有明显优势。"香格里拉对话会"、东盟系列会议等主要国际传播平台对南海议题的讨论同样显示出话语建构者、话语主体及其与国际媒体高频率互动的特征。国际舆论已经成为解决当代南海问题不可回避的因素之一，也是中国南海维权不可忽视的重要战场之一。面向未来，中国南海问题国际话语权、南海地区国际秩序与规则影响力的建设将成为军事、经济影响力之外又一新的战略发展领域。

|关键词| 南海问题　国际话语权　舆论战场

2009年，美国以南海问题为抓手，"重返"亚太，高调介入南海地区事务。美国的战略调整直接影响了南海地区战略环境，并由此引发国际舆论对南海问题的普遍关注。其后，南海问题先后成为"香格里拉对话会"、东亚合作系列会议、国际媒体，以及有官方背景的国际学术会议讨

[①] 本文为国家社科基金重大项目"中国南海问题主张的国际传播战略与国际话语权体系研究"（14ZDB164）、国家海洋局/中国海洋发展研究会重大项目"中国南海地区形势分析与对策研究"（CAMAZDA201507）阶段性成果。

[②] 鞠海龙，暨南大学国际关系学院/华侨华人研究院教授、副院长、博士生导师。

论的热点话题。这些热点话题塑造了国际社会对南海问题的基本印象,形成了国际社会对相关问题的基本判断,直接影响了中国南海维权的国际环境。

一、南海问题国际舆论发展的节点与态势

南海问题是当代公认的国际舆论热点问题。然而,回顾自20世纪以来的总体发展态势,南海问题成为国际舆论关注的热点问题是一个漫长的发展过程。这一过程伴随着以美国、日本个别学者为首引发国际社会所谓"中国威胁论"的讨论,伴随着南海争端具体问题的发酵和各国对南海权益的声索,也伴随着美国亚太战略与政策的调整以及中美战略博弈的过程。

早在20世纪80年代,南海地区潜在的能源与主权争议问题虽然已经成为中国、菲律宾、越南等国共同关注的外交重点,但是这一时期,南海问题并没有成为国际关注的焦点。自1982年到1991年,国际媒体对南海问题的报道一直维持在年均500多篇的状态。只有1988、1989、1991三年国际媒体对南海问题的报道量超过600篇,其余年份均低于500篇的报道量(1984年为507篇),而1982年和1987年只有300多篇相关报道。①

1992年世界进入冷战结束后时期。美国全球战略开始出现大幅度调整,中美关系的国际背景发生结构性变化。源自20世纪90年代初期的"中国威胁论"开始第一次大规模发酵。这一期间,以南海主权争端可能引起中国与周边国家的武装冲突为臆测内容渲染中国军事威胁的观点,

---

① 其中,1988年为655篇,1989年为685篇,1991年为630篇,1982年为324篇,1987年为386篇。数据来源:LexisNexis新闻数据库,时间:01/01/1982—12/31/2015,一级词条 South China Sea,检索时间:2016年5月7日。后同。

出现在一些国际期刊和媒体当中。南海问题的被关注度随之进入一个新的状态。这种变化不仅表现在1992年国际媒体对南海问题的报道量增加到930篇,而且表现在其后到1999年国际报道量一直维持在1 500篇左右的状态。期间,1995年美济礁事件和1996年台海危机引起了国际媒体对"中国威胁论"的渲染和对南海问题关注度的增加。①

国际媒体对南海问题的关注在2001年中美南海陵水撞机事件过程中达到有史以来的第一次高潮。由于该问题直接关系到中美地区安全冲突,以及事件发生在中国海南岛专属经济区上空,因此,这一年国际媒体对南海问题的报道量从前一年的1 879篇猛增到4 252篇。2001年年底,美国以"9.11事件"为由头组建反恐联盟,中国成为第一批加入国际反恐联盟的国家之一。中、美两国因为反恐的一致立场迅速改善了双边关系。至此,国际媒体对南海问题的国际关注度迅速下降。2002年国际媒体报道量下降到1 385篇,2003年则进一步下降到1 143篇。其后,国际媒体对南海问题的关注度进入缓慢上升阶段。

国际媒体2005年和2006年两年对南海问题的关注与2005年3月14日中国、菲律宾和越南三国石油公司在马尼拉签署《在南中国海协议区三方联合海洋地震工作协议》,并承诺通过这一实践将南海地区变为"和平、稳定、合作与发展地区"以及中国迅速有效地实施了第一期、第二期工程有直接关系。这两年南海问题的报道量从前一年的1 570篇上升到了2005年的2 102篇和2006年的3 242篇。其中,大量报道均与三国共同开发项目有关。

---

① 1995年国际媒体关于南海问题的报道量从前一年的1 381篇增加到2 188篇。此后,1996—1998年均维持在1 500篇以上,并在1999年再度上升到2 208篇。需要说明的是,1999年中美在科索沃战争问题上的立场分歧再度引起国际媒体对中国"威胁"的讨论,及南海问题将引发中国与周边武装冲突等臆测。

2007年,中国开始南海制度性巡航。然而,这一事件并没有引起国际媒体的过度热情。① 南海问题迅速发展成为国际热点问题的时间起点是2009年。这一年有三件事情直接影响了国际社会对南海问题的关注。第一件事情是"无瑕号事件"。当月的818篇涉南海新闻报道中,与"无瑕号事件"直接相关的报道高达315篇。② 第二件是《联合国海洋法公约》缔约国须在这一年向"联合国大陆架界限委员会"提交划界案。越南、马来西亚、菲律宾等国的划界案与中国南海主权主张的矛盾,以及一系列有针对性的外交声明引起相关各方的高度关注。第三件事情是美国国务卿希拉里代表美国签署《东南亚友好合作条约》,并高调宣布"重返"东南亚。其后,南海问题随着主权争端各国对各自主张差异的关

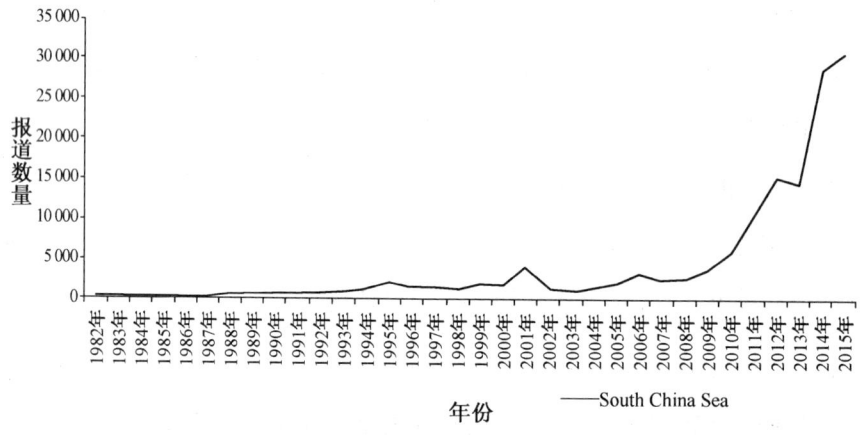

图1 1982年至2015年国际新闻媒体涉南海问题的新闻报道数量分布③

---

① 当年国际媒体对南海问题的报道总数为2 522篇,次年为2 712篇。
② 在LexisNexis新闻数据库中进行检索,检索的时间区间为:03/01/2009—03/31/2009;检索一级词条为South China Sea,二级词条为Impeccable,得出相关数据。检索时间:2016年5月7日。
③ 在LexisNexis新闻数据库中进行逐月检索,检索的时间区间为:01/01/1982—12/31/2015;检索一级词条为South China Sea,得出相关数据。检索时间:2016年5月7日。

注,以及美国的介入,迅速发展成为国际舆论的热点问题,并呈现出持续、快速升温的态势。

2010年7月,希拉里在越南河内以极为高调的姿态向国际社会展示了美国南海政策的调整:"美国在南海的航行自由、亚洲水域的自由通行以及对国际法的尊重上有着国家利益。"①希拉里的"河内讲话"直接引起了南海周边国家及日、澳、印度等域外大国南海政策的调整。越南更是借助东盟轮值主席国的身份直接将南海议题纳入东盟系列峰会的讨论议程,并推动了南海问题的国际化进程。

2011年,继越南之后,菲律宾总统阿基诺三世也执行了针对中国的激进南海政策。阿基诺三世及菲律宾时任外交部部长、国防部长配合美国的国际舆论炒作,与越南对割缆事件的广泛炒作,推高了国际媒体对南海争端的关注。当年5月,英国《金融时报》做出了"南海地区可能面临新的武力冲突"的判断,②拉高了国际舆论的调门。随后,越南在南海所占岛屿附近高调举行实弹演习,吸引了大量国际媒体的关注。③ 6月,奥巴马出席东亚峰会,发起中美南海问题话语交锋,将国际媒体对东亚峰会的关注点聚焦在南海问题上。在涉军事安全、海洋争端较量、大国竞争和外交博弈等重要议题的牵引下,2011年国际媒体对南海问题的报道

---

① Hillary Rodham Clinton, "Remarks at Press Availability", July 23, 2010. http://www.state.gov/secretary/20092013clinton/rm/2010/07/145095.htm (Last visited on march 26, 2016).

② Kathrin Hille and Demetri Sevastopulo, "US warns Beijing over South China Sea", *The Financial Times*, June 4, 2011. http://www.ft.com/cms/s/0/e9dac352-8e82-11e0-a1b3-00144feab49a.html (Last visited on May 25, 2016).

③ 《越将在南海举行实弹演习 美媒称旨在"回应"中国》,载环球网,2011年6月10日,http://world.huanqiu.com/roll/2011-06/1749864.html,2016年5月18日。

量从过去的 5 948 篇直接增加到 10 711 篇。

2012 年中菲黄岩岛对峙事件，2013 年菲律宾前政府将中菲南海争端提交国际仲裁，2014 年中国南海岛礁建设和南海 "981" 事件，改变了国际媒体对南海问题单向关注的特征，转而形成媒体与事件互动，事件刺激媒体关注的基本特征。2015 年，美国开始军事介入南海地区事务，借助国际舆论高调炒作美国 "航行自由" 的主张和军事航行对中国南海岛礁附近海域的进入过程。南海问题相关事件的不断出现成功吸引了国际媒体的持续关注。2014 年国际媒体对南海问题的报道量从 2013 年的 14 605 篇增加到 28 702 篇，而 2015 年又增加到 30 766 篇。

二、当代南海问题逐步成为国际舆论的话语主体

2009 年是南海问题成为国际舆论热点的起始年。从这一年开始，国际媒体对南海问题的报道，不再像以前一样主要报道事件和相关事件的评论。以美国国务卿、太平洋舰队司令、参议员、国防部长，越南总理，菲律宾总统等为代表的各国政要迅速成为国际媒体报道南海问题的关注对象，而这些人的观点也成为国际媒体的主要信息源。信息源主体的身份决定了其在南海国际舆论传播中所扮演的不同角色。各国政府官员围绕南海问题所发表的官方阐述在充实舆论具体内容的同时，也为其政府的南海主张界定了清晰的政策边界。这些官方言论经由政府、智库、媒体之间的相互转化、扩充，以及媒体以吸引眼球为目标的 "精加工"，最终形成了趋于集中的主流话语。话语主题和主流话语之间稳定的互动成为当下南海问题国际舆论持续发酵的原动力，使得各国在南海问题上的话语更趋于集中。在这个过程中，媒体充当了联结政府官员、专家学者和国内外受众的实质性桥梁，成为南海问题国际舆论的重要载体。

在南海问题国际舆论的传播过程中，关注南海问题的各国政府官员所

发表言论的国际传播效力实际上取决于四大要素：政府官员所代表的国家在国际体系中的权力序列、政府官员在其国内政治中的权力序列和权责范围、政府官员发表言论时所在的具体场合以及言论本身。这四大要素并非相互独立，而是互为补充。由于当代西方媒体是国际舆论的主流，英语等西方语言是最具传播力的国际媒体语言，因此，以美国为主的西方国家官员和以西方文化为背景的传播内容在当代南海问题的国际舆论方面具有天然的优势。

就一般的国际舆论规律而言，在其他条件不变的情况下，政府官员所代表的国家在国际体系中的权力位次越高，其言论受到的关注程度便越高，在此基础上所形成的舆论对国际社会层面的影响程度也就越深，传播效力越好。以"香格里拉对话会"为例，虽然会议在新加坡举行，但东盟并没有在会议中占主导地位。来自欧美的西方国家一直是这一会议议题和主要观点的主导者。"香格里拉对话会"的主办方英国国际战略研究所在会议议题选择、演讲人员安排上享有一定权利，而美国则在会议中享有单独环节以介绍美国最新的亚太政策。

2009年中美"无瑕号事件"的出现为美国在"重返东南亚"之际，高调介入南海地区事务创造了条件。美国防长盖茨（Robert M. Gates）在当年的"香格里拉对话会"上阐述美国南海政策时表示："美国的政策很明确：最根本的是维护本地区的稳定、航行自由、自由且不受阻碍的经济发展；美国在主权争端中不偏向任何一方，但是美国反对有碍于航行自由的武力使用及行为。"[1]这种不点名指责中国的方式，结合越南等国对南

---

[1] Dr Robert M. Gates, "Strengthening Security Partnerships in the Asia-Pacific", Shangri-La Dialogue, June 5, 2010. http://www.iiss.org/en/events/shangri%20la%20dialogue/archive/shangri-la-dialogue-2010-0a26/first-plenary-session-722b/dr-robert-m-gates-5086 (Last visited on May 19, 2016).

海问题的炒作,有效地引导了媒体将中国南海政策与南海问题的复杂化、南海地区安全局势的恶化挂钩,以及国际舆论对南海问题的关注。2011年11月,美国国务卿希拉里访问菲律宾,为提升两国的同盟关系许下一系列承诺。美国在南海问题上发出的这一"强烈信号"随即成为国际媒体的焦点。①2012年和2013年中菲黄岩岛对峙和菲律宾前政府将中菲南海争端提交国际仲裁等问题再次成为该会议的焦点。

2014年是国际媒体对南海问题关注度迅速上升的一年。越南防长冯光青(Phung Quang Thanh)公开表示:"中国单方面把海洋石油981深水钻井平台部署到越南大陆架和专属经济区,给越南的民众带来了危害,也给本地区的国家和国际社会造成了担忧。"②日本首相安倍晋三公开指责中国:"通过一个接一个的行动巩固对现状的改变只能遭到强烈的谴责。现在是保证重回2002年DOC精神和条款的时候了,不要再采取改变现状的单边行动。"③澳大利亚国防部长大卫·约翰斯顿(David Johnston)不点名地批评中国正在"使用武力或单方面强势改变东海和南海的现状,这是不能接受的。敦促有关各方自我克制,不要采取增加紧

---

① 《希拉里访菲发表声明 菲外长称给南海争端发出强烈信号》,载环球网,2011年11月16日,http://world.huanqiu.com/roll/2011-11/2177563.html,2016年5月10日。

② Phung Quang Thanh, "Managing Strategic Tensions", Shangri-La Dialogue, May 31, 2014. http://www.iiss.org/en/events/shangri%20la%20dialogue/archive/2014-c20c/plenary-3-bce0/phung-dcf8 (Last visited on May 19, 2016).

③ Shinzo Abe, Shangri-La Dialogue 2014 Keynote Address, Shangri-La Dialogue, May 30, 2014. http://www.iiss.org/en/events/shangri%20la%20dialogue/archive/2014-c20c/opening-remarks-and-keynote-address-b0b2/keynote-address-shinzo-abe-a787 (Accessed on July 25, 2014).

张局势的行为"。①

同年7月,美国在东亚合作系列会议期间提出"南海冻结计划"并引起国际社会对停止改变南海现状的广泛讨论。当年年底,美国国务院发布《海洋界限:中国南海海洋主张》,以官方形式讨论了中国南海维权政策的合法性,将国际媒体对南海问题的关注彻底导向中国南海政策。

2015年1月美国太平洋舰队第七舰队指挥官罗伯特·托马斯(Robert Thomas)就中国南沙岛礁建设行动向日本发出巡逻南海的邀请。②5月25日,美防长阿什顿·卡特在夏威夷发表演讲时指出,"多年以来,我们一直在南海上空飞行,并且将继续这么做:飞行、航行和执行任务","这并非一个新的事实,新的事实是填海造陆以及填海造陆的规模,而那并非美国制造的现实,而是中国制造的事实"。5月30日,在香格里拉对话会上,卡特指出,将水下岩礁变成机场不能获得主权,美方呼吁各方立即停止"填海造地",反对任何一方将岛礁进一步军事化的行为;"航行自由"构筑了该地区的繁荣,为了确保包括人工岛外围在内的航行自由,美国将绝不会妥协。随后,卡特前往越南、印度,落实"夏威夷谈话"。"香格里拉对话会议"召开前后,卡特针对中国南海议题的相关言论立即引发国际媒体的"聚焦"。会议期间,卡特的言论更是被"放大"。截至2015年6月30日,与"香格里拉对话会"相关的国际报道引用美防长卡特观点的高达366次,占国际媒体所引用观点的

---

① David Johnston, Managing Strategic Tensions, Shangri-La Dialogue, May 31, 2014. http://www.iiss.org/en/events/shangri%20la%20dialogue/archive/2014-c20c/plenary-3-bce0/senator-david-johnston-4254 (Accessed on July 25, 2014).

② "US Admiral: Japanese Operations in South China Sea 'Make Sense' in the Future", *Premium Official News*, January 30, 2015.

49%,国际舆论凸显"一边倒"的特征。①

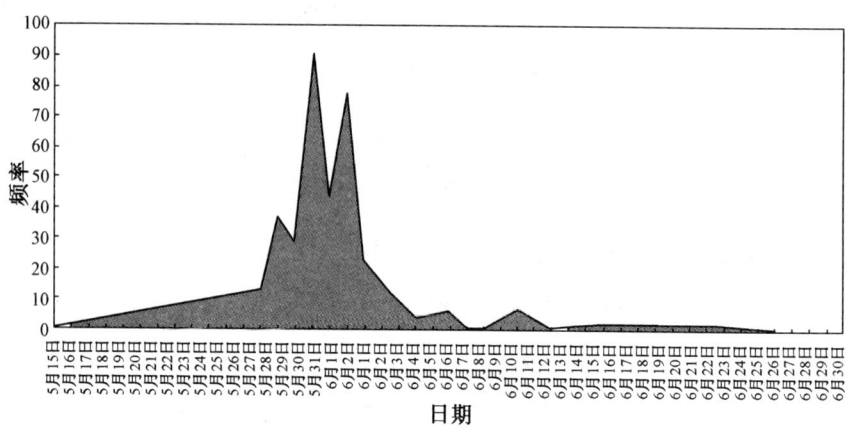

图 2　香格里拉对话会议相关报道引用美防长阿什顿·卡特观点频率分布

2015 年年底美国"拉森"号穿越中国南沙群岛,美军高级军官在事件前后就相关问题的言论,凸显了美国南海政策向"直接军事性介入"的转向。同时,七国集团外长会议发表涉南海的海洋安全声明,2016 年该会议再度发表涉南海问题的声明。这种以世界大国集团领袖集体表态的方式对南海问题的直接干预,无疑是对当代南海问题国际舆论话语主体及其影响和地位的再一次拔高。

三、南海舆论的国际政治传播平台

南海问题成为国际舆论热点的重要标志不仅表现在国际媒体对这一问题的高度关注,表现为各国政要频繁就此问题发表看法,而且表现在南海问题相关的香格里拉会议、东亚合作系列会议等官方论坛对这一问题的态

---

①　数据来源:LexisNexis 新闻数据库,检索的时间区间:05/01/2015 - 06/30/2015;检索一级词条为 Shangri la dialogue,检索时间:2015 年 9 月 7 日。卡特观点的数据为课题组成员人工阅读的统计。

度、讨论、主要观点等方面。相对于媒体和官员的单一言行,这些具有官方背景的国际舞台因其聚焦了各国政要对南海问题的关注、不同观点的表达与论争,所以更容易引起国际媒体对相关热点话题的报道,也更容易引起国际舆论的持续关注。

2009 年起南海地区安全形势开始成为"香格里拉对话会"关注的重点并且一直持续至今。"香格里拉对话会"对南海议题的讨论多元而复杂,其中"航行自由"、《南海各方行为宣言》和"南海地区行为准则"、南海问题的司法解决、中国岛礁建设等最为突出。东盟主导的系列会议对南海问题的高度关注始于 2010 年越南担任轮值主席国后。其后,无论南海议题是否列入会议议程,相关话题几乎都能成为每一年国际媒体对相关会议报道的焦点。

南海"航行自由"问题的炒作是美国以公海航行自由的普世价值为外衣,以美国军舰、军机全海域自由航行为内容,以混淆商业航行自由与军事航行自由为手段,以所谓"国际水域"为说辞,以回避《联合国海洋法公约》"专属经济区"合法权益为立场,在南海地区,尤其是中国南海断续线范围内实施海洋霸权的一种国际舆论策略。然而,这一策略在美国及其盟友的炒作下先后得到了"香格里拉会议"和东盟系列会议的认同。

2010 年第九届"香格里拉会议"上,美国防长以美国关注南海航行自由原则的执行为内容,抛出南海的航行自由议题。[①] 2012 年的"香格

[①] Dr Robert M. Gates, "Strengthening Security Partnerships in the Asia-Pacific", Shangri-La Dialogue, June 5, 2010. http://www.iiss.org/en/events/shangri%20la%20dialogue/archive/shangri-la-dialogue-2010-0a26/first-plenary-session-722b/dr-robert-m-gates-5086 (Last visited on Nov. 29, 2013).

里拉会议",美国代表表达了航行自由与美国国家利益相关的观点。①日本防卫副大臣渡边周(Shu Watanabe)在演讲中表示:"任何对航行自由的挑战都相当于拒绝海洋秩序以及基于海洋安全的繁荣。任何妨碍航行自由的行为不仅对那些直接涉及的国家造成担忧,也对更广泛的国际社会造成担忧。"②2014 年美国发表鼓励和平解决南海争端、维护航行自由的主张,再次引发对南海航行自由问题的讨论。③澳大利亚国防部长大卫·约翰斯顿在香格里拉对话会上的演讲中表示,"澳大利亚在南海争端中不持立场,但是对维护和平与稳定、尊重国际法、不受阻碍的商业和航行自由等方面存在合理的利益"。④菲律宾防长加斯明(Voltaire Gazmin)则公开呼吁让美国的力量来"维护"南海的航行自由。他宣称:"期望美国在本地区运用它具有说服力的权力处理在南海的问题,特

---

① Leon Panetta, "The US Rebalance Towards the Asia-Pacific: Leon Panetta", Shangri-La Dialogue, 02 June 2012. http://www.iiss.org/en/events/shangri%20la%20dialogue/archive/sld12-43d9/first-plenary-session-2749/leon-panetta-d67b (Last visited on April 1, 2016).

② Shu Watanabe, "Protecting Maritime Freedoms", Shangri-La Dialogue, June 2, 2012, p. 4. http://www.iiss.org/-/media/Images/Events/conferences%20from%20import/the%20shangri%20la%20dialogue/shangri%20la%20dialogue%202012/speeches/second%20plenary%20session/66596.pdf (Accessed on Nov. 30).

③ Chuck Hagel, "The United States' Contribution to Regional Stability", Shangri-La Dialogue. 31 May 2014. http://www.iiss.org/en/events/shangri%20la%20dialogue/archive/2014-c20c/plenary-1-d1ba/chuck-hagel-a9cb (Last visited on March 29, 2016).

④ David Johnston, "Managing Strategic Tensions", Shangri-La Dialogue, May 31, 2014. http://www.iiss.org/en/events/shangri%20la%20dialogue/archive/2014-c20c/plenary-3-bce0/senator-david-johnston-4254 (Accessed on July 25, 2014).

别是通过强大的军事存在和外交技巧确保航行自由。"①2015 年，美国基于中国岛礁建设而提出将在国际法允许的任何地方进行飞越、航行和行动，以维护航行和飞越自由原则，②将南海航行自由炒作成为最具国际传播效应的国际热点话题。

与"香格里拉会议"相呼应，东盟外长会议在 2010 年和 2011 年的联合声明先后两度"呼吁各方维护航行与飞越自由"，③在 2014 年和 2015 年两度"重申维护航行和飞越自由的重要性"。《东盟地区论坛会议公报》在 2010 年和 2014 年分别用"重申维护南海航行自由的重要性"以及"维护不受阻碍的商业活动、航行与飞越自由"等强调了南海航行自由的重

---

① Dato' Seri Dr Ahmad Zahid Hamidi, Phung Quang Thanh, Voltaire Gazmin, "Responding to New Maritime Security Threats Q & A", Shangri-La Dialogue, June 5, 2011, p. 9. http://www.iiss.org/-/media/Images/Events/conferences%20from%20import/the%20shangri%20la%20dialogue/shangri%20la%20dialogue%202011/speeches/fifth%20plenary%20session/55678.pdf (Accessed on Nov. 29, 2013).

② Ashton Carter, "The United States and Challenges of Asia-Pacific Security", Shangri-La Dialogue, 30 May 2015. http://www.iiss.org/en/events/shangri%20la%20dialogue/archive/shangri-la-dialogue-2015-862b/plenary1-976e/carter-7fa0 (Last visited on march 29, 2016).

③ ASEAN Foreign Ministers Meeting, "Joint Communiqué of the 43rd ASEAN Foreign Ministers Meeting", Ha Noi, Viet Nam. 20 July 2010. http://asean.org/?static_post=joint-communique-of-the-43rd-asean-foreign-ministers-meeting-enhanced-efforts-towards-the-asean-community-from-vision-to-action-ha-noi-19-20-July-2010-3; ASEAN Foreign Ministers Meeting, "Joint Communiqué of the 44th ASEAN Foreign Ministers Meeting", Bali, Indonesia, 19 July 2011. http://www.asean.org/wp-content/uploads/images/archive/documents/44thAMM-PMC-18thARF/PMC-CS.pdf (Last visited on May 19, 2016).

要性。① 东盟峰会则在 2014 年 5 月的主席声明中强调"维护南海航行与飞越自由",并在 2015 年 11 月的主席声明中"重申维护南海航行与飞越自由的重要性"。②

落实《南海各方行为宣言》和尽快达成"南海行为准则"是"香格里拉会议"、东盟主导的系列会议关注点重复最多的内容之一。尽管菲律宾、越南等国在 2002 年以来从未将遵守《南海各方行为宣言》作为自己对待南海问题的行为规范,但这并不妨碍有关国家将落实《南海各方行为宣言》和尽快达成"南海行为准则"作为舆论宣传的主要话题。

2011 年越南国防部长冯光青表示,在南海确实发生了中越割缆、渔民被抓、正常经济活动被骚扰等事件,中国违反了《南海各方行为宣

---

① Chairman's Statement of the 17th ASEAN Regional Forum, Ha Noi, Viet Nam, 23 July 2010. http://www.mofa.go.jp/region/asia-paci/asean/conference/arf/state1007.pdf. Chairman's Statement of the 21st ASEAN Regional Forum, Nay Pyi Taw, Myanmar, 10 August 2014. http://www.asean.org/wp-content/uploads/images/documents/47thAMMandRelatedMeetings/Final%20Chairmans%20Statement%20of%20the%2021st%20ASEAN%20Regional%20Forum%20Nay%20Pyi%20Taw%2010%20August%202014.pdf (Last visited on May 19, 2016).

② Chairman's Statement of the 24th ASEAN Summit, Nay Pyi Taw, May 11, 2014. http://www.asean.org/storage/images/documents/24thASEANSummit/24th%20ASEAN%20Summit%20Chairman's%20Statement.pdf. Chairman's Statement Of The 27th Asean Summit, Kuala Lumpur, 21 November 2015. http://www.asean.org/storage/2015/12/Final-Chairmans-Statement-of-27th-ASEAN-Summit-25-November-2015.pdf (Last visited on May 19, 2016).

言》，造成了越南以及本地区其他国家的担忧。① 2012 年，印尼总统苏西洛在"香格里拉对话会"演讲中表示："我们花费了十年才完成《南海各方行为宣言》，东盟与中国工作组不应该再花费十年才能完成'南海行为准则'。我们期望中国能够快速地完成工作。"②东盟国家对落实《南海各方行为宣言》和尽快达成"南海行为准则"的期待为美国所利用，成为其标榜以国际法原则解决南海争端的话语方向。2012 年，美国防长帕内塔（Leon Panetta）表示，我们支持东盟与中国发展有约束力的行为准则的努力，这会产生一个管理南海各方行为的规则性框架，包括阻止和管理争端。③ 同年，日本防卫副大臣渡边周宣称，日本一直呼吁按照国际法规通过和平的方式解决南海争端，而且日本支持南海行为准则的

---

① Dato' Seri Dr Ahmad Zahid Hamidi, Phung Quang Thanh, Voltaire Gazmin, "Responding to New Maritime Security Threats Q & A", Shangri-La Dialogue, June 5, 2011, pp. 6 – 7. http://www.iiss.org/-/media/Images/Events/conferences%20from%20import/the%20shangri%20la%20dialogue/shangri%20la%20dialogue%202011/speeches/fifth%20plenary%20session/55678.pdf（Accessed on Nov. 29, 2013）.

② Dr H. Susilo Bambang Yudhoyono, "Shangri-La Dialogue 2012 Keynote Address", Shangri-La Dialogue, June 1, 2012, p. 6. http://www.iiss.org/-/media/Images/Events/conferences%20from%20import/the%20shangri%20la%20dialogue/shangri%20la%20dialogue%202012/speeches/opening%20remarks%20and%20keynote%20address/66564.pdf（Accessed on Nov. 30, 2013）.

③ Leon Panetta, "The US Rebalance Towards the Asia-Pacific", Shangri-La Dialogue, June 2, 2012, p. 8. http://www.iiss.org/-/media/Images/Events/conferences%20from%20import/the%20shangri%20la%20dialogue/shangri%20la%20dialogue%202012/speeches/first%20plenary%20session/66624.pdf（Accessed on Nov. 30, 2013）.

谈判。①

东亚峰会外长会议从 2012 年开始关注南海问题,其关注的焦点就是落实《南海各方行为宣言》。当年《东亚峰会外长会议公报》"强调全面有效落实《南海各方行为宣言》的重要性,欢迎按照落实《南海各方行为宣言》指导方针的要求实施后续工作","呼吁有关各方按照国际法原则,尤其是《联合国海洋法公约》等国际社会公认的原则和平解决南海争端"。②

菲律宾前政府把南海问题提交国际仲裁后,南海问题司法解决的主张同样成为"香格里拉对话会"关注的焦点。菲律宾防长加斯明宣称:"菲律宾认为把争端提交仲裁是和平地证明海洋权利的方式。希望仲裁庭会依据国际法发表一份声明以让中国尊重菲律宾在专属经济区、大陆架区域拥有的主权和管辖权,让中国避免采取非法的侵犯菲国领土权利的活动。仲裁是一个友好、和平的机制,希望这对菲律宾与中国的贸易关系不会造成不利影响。菲律宾会继续寻求加强双方在所有领域的

---

① Shu Watanabe, "Protecting Maritime Freedoms", Shangri-La Dialogue, June 2, 2012, p. 4. http://www.iiss.org/-/media/Images/Events/conferences%20from%20import/the%20shangri%20la%20dialogue/shangri%20la%20dialogue%202012/speeches/second%20plenary%20session/66596.pdf (Accessed on Nov. 30, 2013).

② East Asia Summit, Chairman Statement of The Second East Asia Summit (EAS) Foreign Ministers' Meeting, Phnom Penh, Cambodia, 12 July 2012, p. 5. http://www.asean.org/wp-content/uploads/images/documents/Chairman%20Statement%20of%20The%20Second%20East%20Asia%20Summit%20EAS%20Foreign%20Ministers%20Meeting%202012%20July%202012%20baru.pdf (Last visited on May 19, 2016).

合作。"①

2015年,中国南沙岛礁建设受到美国与东南亚有关国家的刻意炒作。美防长卡特在"香格里拉对话会"上细数了当前越南、菲律宾等国所占领的南沙岛屿的数量,以担忧地区军事化为由,向与会成员传达了中国南沙岛礁建设的速度和规模。② 尽管2009年的"香格里拉对话会"上越南南海填岛扩建行为被质疑,越南防长冯光青称,"那只是对南海存在的过去建设的军事哨所的维护行为。这些哨所的目的在于照料岛上的士兵和民众的生活"。③ 冯光青的答复音犹在耳,但美国和不少与会国家却近乎偏执地将对中国的指责视为一种完全的正义。

2014年开始,东盟外长会议同样关注了中国的岛礁建设,并在当年5月单独发表了一份对南海局势表示严重担忧的声明。④ 8月,《东盟外长

---

① Qi Jianguo, Voltaire Gazmin, Peter MacKay, "New Trends in Asia-Pacific Security Q&A", Shangri-La Dialogue, June 2, 2013. http://www.iiss.org/en/events/shangri% 20la% 20dialogue/archive/shangri-la-dialogue-2013-c890/fourth-plenary-session-0f17/qa-57d8(Accessed on Nov. 30, 2013).

② Ashton Carter, "The United States and Challenges of Asia-Pacific Security", Shangri-La Dialogue, May 30, 2015. http://www.iiss.org/-/media/Documents/Events/Shangri-La% 20Dialogue/SLD15/Jill% 20Lally% 20Proofs/First% 20Plenary% 20% 20Carter% 2030052015ED1.pdf. (Last visited on May 19, 2016).

③ Joel Fitzgibbon, Phung Quang Thanh, Tea Banh, "Strengthening Defence Diplomacy in the Asia-Pacific Q&A", Shangri-La Dialogue, May 31, 2009. http://www.iiss.org/en/events/shangri% 20la% 20dialogue/archive/shangri-la-dialogue-2009-99ea/sixth-plenary-session-fc25/strengthening-defence-diplomacy-in-the-asia-pacific-qa-9011(Accessed on Nov. 29, 2013).

④ ASEAN Foreign Ministers' Statement on the Current Developments in the South China Sea, Nay Pyi Taw, May 10, 2014. http://asean.org/asean-foreign-ministers-statement-on-the-current-developments-in-the-south-china-sea/. (Last visited on May 19, 2016).

会议联合声明》又再次重申了对南海局势的严重担忧。① 2015 年 4 月的《东盟外长会议联合声明》再次就中国的南沙岛礁建设表达严重担忧,并称岛礁建设损害了信任和信心,加剧了紧张局势,可能破坏南海的和平、安全与稳定。② 由于《东盟外长会议联合声明》对南海地区形势的关注与南海热点问题直接相关,因此,此类关注不仅是某种程度上对国际热点事件的一种机制性回应,而且在相当程度上是一种区域内某些相关国家对相关热点问题的共同态度。 这种态度在某种程度上正是地区内各国政治力量作为一个整体对特定事物发表国际舆论的一种引导和推动。

四、中国南海维权的新战场

21 世纪是信息爆炸的时代。 这样一个时代对国际战略最大的影响是改变了国际格局中不同国家战略博弈过程中力量要素的作用结构。 随着信息平台的无限延展以及信息对国际社会价值判断影响力的增强,影响国际话语方向的国际舆论便成为新时代各国博弈,甚至国家间军事对抗的新战场。

从 2009 年美国"重返"东南亚到美国亚太"再平衡"战略的提出,再到如今对东亚太平洋地区直接部署和使用军事威慑力量,并非仅仅是从安全层面构建对潜在战略假想敌中国的遏制阵线。 在众人瞩目的中美战

---

① Joint Communiqué 47th ASEAN Foreign Ministers' Meeting, Nay Pyi Taw, Myanmar, August 8, 2014. http://www.asean.org/wp-content/uploads/images/documents/47thAMMandRelatedMeetings/Joint%20Communique%20of%2047th%20AMM%20as%20of%209-8-14%2010%20pm.pdf (Last visited on May 19, 2016).

② Joint Communique 48th ASEAN Foreign Ministers Meeting, Kuala Lumpur, Malaysia, 4th August 2015. http://www.asean.org/storage/images/2015/August/48th_amm/JOINT%20COMMUNIQUE%20OF%20THE%2048TH%20AMM-FINAL.pdf.

略竞争、中日钓鱼岛之争、中菲南海对抗,以及中国南海岛礁建设的过程中,有一条看不见的战略线一直在发挥着重要的作用。这条战略线就是国际舆论的软实力和巧实力竞争。

严格意义上讲,当今世界除了美国之外,还没有一个国家有能力在实施国际战略的过程中妥善、有效地运用国际舆论的能量。从呼吁各方尊重国际法,尤其是《联合国海洋法公约》,和平解决南海问题,到敦促各方尽快落实《南海各方行为宣言》和尽快达成"南海行为准则",再到将中国岛礁建设和南海地区军事化问题结合起来炒作,美国几乎将自己的主张与区域各国的认同以及"国际普世价值"完全联系在一起,并且充分赢得了历次针对南海问题的国际话语优势。

在这一过程中,美国不仅成功吸引了国际媒体对南海问题的关注,有效传播了自己对南海问题的主张,通过频繁的权威性的信息发布直接主导了国际媒体和国际政治传播平台有关南海问题的话语内容,而且通过国际媒体尤其是西方媒体的操作,将中国塑造为国际法等国际规则和价值的对立面。

面对近来的国际舆论战,中国在应对方面经历了一个突飞猛进的过程。在应对挑战的过程中,中国不但发展了常态化的外交和国防部门发言机制,借助国际学术期刊和媒体表达了中国南海主张的依据,而且充分利用外交影响力在国际社会及国际政治传播平台与相关国家开展了卓有成效的辩论。

2015年东盟峰会上,马来西亚首相纳吉布表示"必须以和平方式处理分歧,包括在处理海洋主权声索重叠时不会让紧张局势升温";①同年

---

① 《外媒热议东盟峰会声明 中方坚决反对含沙射影》,载环球网,2015年4月28日,http://mil.huanqiu.com/observation/2015-04/6292296.html。

东亚峰会期间，东盟大多数国家在南海问题上表达了相对客观中立的立场态度；①柬埔寨首相洪森认为南海主权问题最理想的解决办法是交由当事国自行解决；②2015年5—6月间几十个国家先后表示支持中国解决南海问题的立场；以及菲律宾新当选总统杜特尔特对未来中菲关系发表的公开言论，这些都表明中国在国际舆论战方面的进步和成绩。

然而，从当今国际舆论战的总体格局角度考察，中国当前的优势并不非常明显。不仅如此，中国南海问题话语的国际影响力与中国南海主张的国际正向传播能力仍然有非常大的发展空间。中国官方言论、学者观点并不是当今南海问题国际舆论的主流，在国际媒体的扩散也有所局限。在国际政治传播平台上，中国的主张具有丰富的历史依据，也符合众多国际法的精神与原则，然而，中国相关主张却并没有那些貌似公允的、打着国际普世原则和价值，却又逻辑简单甚至自相矛盾的说法更容易被国际舆论所吸收和传播。

面向未来，中国南海维权所面临的国际环境尽管依旧是一个本质上体现着丛林原则的世界，然而，由于这一世界不仅在其发展的过程中正在，或者已经形成了共同的具有理想主义色彩的价值观和行为准则，而且这些价值观和行为准则在第二次世界大战之后，在联合国的框架下已经初具规模。作为一个崛起中的、负责任的大国，中国的国际行为不可能完全脱离现实国际社会的环境，也不可能完全不顾及现实世界已经形成的游戏规则。尽管这些价值观和行为准则更多地体现着西方殖民主义国际体系的痕迹和西方普遍的社会价值文化。

---

① 《李显龙作出南海承诺　新加坡帮中国支招》，载多维新闻网，2015年11月22日，http://global.dwnews.com/news/2015-11-22/59697510.html.

② 《东盟国家强调局外人立场　拒做反华棋子》，载参考消息网，2015年11月24日，http://www.cankaoxiaoxi.com/china/20151124/1006425.shtml.

实现中国南海主张的历史性权利是中国从陆地走向海洋不可或缺的过程。这一过程中,中国传统的历史文化、中国与周边国家的关系都面临着一个与当今世界相互碰撞、相互影响、相互适应的过程。中国崛起所在的东亚和西太平洋地区是美国主导的战略要地。在过去大半个世纪当中,美国在这里不仅建立了自己的盟友体系,而且建立了符合自己战略利益的各种秩序与规则。中国的崛起无疑是这一地区既有规则和秩序的变革性力量。

从这个角度考虑,美国对中国的国际舆论战一方面体现着中、美两国在同一地区力量此消彼长的碰撞,另一方面也体现着美国对中国崛起过程中对待美国主导的亚太地区国际秩序和规则认同程度的关心。在中美战略博弈的过程中,前者是一种不得不面对的战略矛盾,然而后者却未尝不能是一种相互适应、共同发展的过程。关键在于双方能否在现有的、共同认可的国际秩序和国际规则中找到共同的道路。这也是中国能否在国际舆论这个南海维权的战场上赢得更多支持,避免更多矛盾的关键。

美国航行自由计划在南海的新进展:"去管制"还是"再平衡"?

张新军[①]

|摘 要| 《联合国海洋法公约》关于无害通过和航行自由的习惯国际法规定,在涉及军舰的航行问题时,没有很好地解决缔约国之间关于此问题的分歧。"航行自由计划"是美国按其自身对各个海域的航行和通过规则的理解,强力实施的放松管制政策,旨在为其海军的全球力量投射创造良好环境;该计划的另一目的是配合美国的"亚太再平衡战略"。通过在南海实施所谓"航行自由计划",美国不断挑战中国的主权核心利益。美国的行为可能对南海地区的领土问题和海上争端的和平解决产生不利影响。

|关键词| 航行自由计划 南海 《联合国海洋法公约》 航行和通过 低潮高地 人工岛

一、引 言

自20世纪60年代末70年代初,尤其是2009年以来,南海一直是全球争议最多的海域之一。 近来,南海越发处于紧张的氛围之中。 美国无

[①] 张新军,清华大学法学院副教授。原文 "The Latest Developments of the US Freedom of Navigation Programs in the South China Sea: Deregulation or Re-balance?" *Journal of East Asia and International Law*, Vol. 9, No. 1, 2016, pp. 167 - 182. 感谢原刊杂志社同意该文在中国的翻译出版。

视南海一触即发的紧张形势,派出军机舰艇前往南海执行所谓"航行自由计划"①,进入南海地区若干岛礁周围 12 海里内航行。2015 年 10 月 26 日,美国海军舰艇"拉森"号在南沙群岛(Spratly Islands)的渚碧礁(SubiReef)附近巡航。三个月后,即 2016 年 1 月 30 日,美国海军驱逐舰"柯蒂斯·威尔伯"号通过了中建岛(Triton Island)周围 12 海里水域,而该岛是中国西沙群岛(Paracel Islands)直线基线的西南基点。②在上述两个事件中,中国海军船只都在现场依法对美军船只进行了警告、监视与跟踪。尤其要指出的是,"拉森号事件"发生后,中国政府立即向美国提出了抗议。③

"柯蒂斯·威尔伯"号驱逐舰事件涉及 1982 年《联合国海洋法公约》④(以下简称《公约》)通过以来,缔约国之间存在已久的有关无害通过的解释问题。在有关无害通过问题的解释上,由于美国未加入《公约》,中美在这一问题上的争论只能是围绕习惯国际法并结合国家实践展开。然而,无害通过的问题似乎被"拉森"号驱逐舰事件复杂化了:在

---

① 关于美国在南海的航行自由计划的简介,可以参见 Michael Green, Bonnie Glaser and Gregory Poling, "The U. S. Asserts Freedom of Navigation in the South China Sea", *Asia Maritime Transparency Initiative*, October 27,2015, http://amti.csis.org/the-u-s-asserts-freedom-of-navigation-in-the-south-china-sea/,2016 年 5 月 11 日。

② N. Panda, "Return of the FONOP: US Navy Destroyer Asserts Freedom of Navigation in Paracel Islands", *The Diplomat*, Jan. 31,2016, http://thediplomat.com/2016/01/return-of-the-fonop-us-navy-destroyer-asserts-freedomofnavigation-in-paracel-islands,2016 年 5 月 12 日。

③ 《中华人民共和国外交部副部长张业遂就美国军舰进入中国南沙群岛有关岛礁附近海域向美方提出严正交涉》,载中华人民共和国外交部网站,2015 年 10 月 27 日, http://www.fmprc.gov.cn/mfa_eng/wjbxw/t1310069.shtml,2016 年 5 月 12 日。

④ 《联合国海洋法公约》,载《联合国条约集》,第 1833 卷,第 3 页。

美国看来,除非中国的陆域吹填工程已经使渚碧礁获得岛屿的地位,否则它仅仅是一个低潮高地,本身并没有领海,因而也没有行使无害通过之必要。①

二、"柯蒂斯·威尔伯号事件":存在已久的有关军舰是否享有"无害通过"权的争论

美国"航行自由计划"的目的之一,就是要确保美国军舰在外国领海里行使无害通过权时,无须事先通告沿岸国或获得其事先许可。首先必须指出的也是最没有争议的一点是,军舰在外国领海通过问题上,其通过方式必须符合"无害通过"所规定的方式。根据《公约》规定,通过时应当"连续不停和迅速进行";不得"以任何种类的武器进行任何操练或演习",或者"在船上起落或接载任何飞机"。②

在"柯蒂斯·威尔伯号事件"中,中国并未质疑美国军舰通过的方式,但谴责了美国军舰事先未经中国批准而进入中国领海。中国外交部发言人表示,"根据《中华人民共和国领海及毗连区法》有关规定,外国军舰进入中国领海,须经中国政府批准。美军舰违反相关中国法律,擅自进入中国领海"。③

---

① Secretary of Defense Carter, *A Regional Security Where Everyone Rises*, IISS Shangri-La Dialogue, May 30, 2015, https://www.iiss.org/-/media/Documents/Events/Shangri-La%20Dialogue/SLD15/Carter.pdf. PRC Foreign Ministry, Foreign Ministry spokesperson Hong Lei's regular press conference, Sept. 18, 2015, http://www.fmprc.gov.cn/mfa_eng/xwfw_665399/s2510_665401/t1298026.shtml, May 5, 2016.

② 《联合国海洋法公约》第十八条第二款,第十九条第二款。

③ 《外交部发言人华春莹就美军舰进入我西沙群岛中建岛领海事答记者问》,载中华人民共和国外交部网站,2016年1月30日,http://www.fmprc.gov.cn/mfa_eng/xwfw_665399/s2510_665401/2535_665405/t1336822.shtml,2016年5月11日。

《公约》第十七条和第十九条在解释或适用上的主要问题是：上述条款是否要求军舰在外国领海行使无害通过时，需要获得沿岸国的事先批准或需要向其事先通告。从第一次联合国海洋法会议到第三次联合国海洋法会议，西方国家集团、东方国家（社会主义国家）集团和第三世界集团，都对这个问题表达了自己的立场，但都没有完全解决各集团之间在这个问题上的意见冲突。①

《公约》项下的无害通过制度基本可以看作对既存习惯国际法的编纂。不过，在进行编纂的当时，有关外国军舰无害通过的习惯法规则并不明确。以《公约》通过前为例，在"科孚海峡案"中，虽然国际法院认为军舰无害通过一个用于国际航行的海峡（同时也是一个海峡国家的领海）时，并不需要沿岸国（海峡国）的事先批准，但国际法院还是拒绝考虑一个国家在和平时期是否有权派遣其军舰通过外国领海这个一般性问题。②

自1982年《公约》通过以来，缔约国在军舰无害通过这一问题上的意见一直尖锐对立。虽然《公约》禁止做出保留，第三百一十条却允许缔约国通过解释性声明对《公约》某些条款发表意见，使其国内法律和规章同本公约规定保持协调。这导致了缔约国可以自行解释包括无害通过在内的《公约》有关条款。第三百一十条本身极有可能是缔约国考虑到通过长达十年谈判达成的、以一致意见为基础的条款本身具有模糊性，故而为这些条款留下的解释空间提供一个工具。③ 在无害通过问题上，许多国家根据第三百一十条做出声明，要求军舰在行使无害通过其领海的权

---

① M. Shaw, *International Law* (5th ed. 2003), p.510.

② Corfu Channel case (U.K. v. Alb.), Judgment, I.C.J. pp. 28 – 30 (Apr. 9, 1949), http://www.icj-cij.org/docket/files/1/1645.pdf, May 12, 2016.

③ 更多细节问题，参见 United Nations Convention on the Law of the Sea 1982: A Commentary, article 5, 1989, p. 224.

利时,需要事先获得批准(如伊朗、阿曼、也门、中国和阿尔及利亚),或者事先通告(如埃及、马耳他、克罗地亚、芬兰、瑞典、塞尔维亚、黑山和孟加拉国)。① 相应地,这些国家的国内法律和规章在批准《公约》后,都没有修改关于无害通过的有关规定。一些国家虽然没有做出这样的声明,但在其国内法律和法规上有着同样的规定。而另有一些缔约国则根据第三百一十条做出声明,声称《公约》允许外国军舰不经事先批准就可以无害通过,认为要求事先同意或通告是不符合《公约》规定的(如阿根廷、智利、荷兰、德国和意大利)。②

1988 年发生于美苏海军之间的"黑海碰撞事件"和 1989 年就这一事件美苏间达成的联合声明给这一争议火上浇油。在 1988 年的"黑海碰撞事件"中,美国海军船舶在苏联领海内实施其所谓的航行自由行动时,遭到了苏联军舰的拦截,并发生碰撞。苏联军舰的依据是美国军舰违反了苏联国内法规有关无害通过的规定。③ 虽然苏联和美国在当时都不是《公约》缔约国(俄罗斯联邦于 1997 年批准《公约》),但它们都认为,《公约》,尤其是《公约》的第二部分第三节反映了习惯国际法上有关无害通过的规定。④

不可思议的是,无论是美国还是苏联,都没有就由于违反无害通过这

---

① 联合国海洋事务和海洋法司:《宣言和声明》,参见 http://www.un.org/Depts/los/convention_agreements/convention_declarations.htm,2016 年 5 月 11 日。

② 联合国海洋事务和海洋法司:《宣言和声明》。

③ J. Rolph, "Freedom of Navigation and the Black Sea Bumping Incident: How 'innocent' Must Innocent Passage Be?" *Military Law Review*, Vol. 135, 1992, pp. 139 – 144.

④ "Uniform Interpretation of the Rules of International Law Governing Innocent Passage through the Territorial Sea", *Law of the Sea Bulletin*, Vol. 14, 1989, p. 13, http://www.un.org/depts/los/doalos_publications/LOSBulletins/bulletinpdf/bulE14.pdf, May 11, 2016.

一习惯法规则的不法行为所造成的损失追究对方的国家责任。相反，两国仅仅在事后达成一个协议，对无害通过，尤其是对于军用船舶无害通过的规则进行了解释（以下简称"1989年联合声明"）。在作为1989年联合声明附件的《关于规制无害通过领海之国际法规则的一般解释》中，两个海上超级大国都认为：

> 包括军舰在内的各种船舶，无论是其所载货物和武器装备如何，或采用何种推进方法，都依据国际法享有无害通过领海的权利；不得被要求进行事先通告或获得事先批准。①

这个插曲生动地表明，即使是《公约》通过但尚未生效时，无害通过的习惯法规则也没有明确规定一国军舰进入外国领海时是否需要事先通告或获得批准。如果规定是清楚明了，事件中必有一方违法并应承担国家责任。在达成这个统一解释之前，苏联在这个问题上的立场实际上是与发展中国家保持一致的。在第一次联合国海洋法会议就1958年《领海及毗连区公约》文本草案谈判期间，苏联都保持着这一立场。② 苏美这两个海上强国通过这个协议，才勉强在彼此之间，对涉及军舰的无害通过规则做出了澄清。

必须明确的一点是，这个所谓的统一解释将作为特别法，规范苏美之间的军舰在对方领海的无害通过行为。不过并不确定的是，这个非缔约国之间达成的双边解释将会在多大程度上促进《公约》中无害通过这一习惯性规则的发展。在证明源自条约的新兴习惯法时，非缔约方在该条约

---

① Ibid. art. 2.
② M. Shaw, *International Law*, p. 510.

通过之后的实践并非没有价值。① 但是，对既存习惯法规则进行法典化而达成条约条文后，在条文的解释方面，如果缔约国在随后的实践中出现巨大分歧，由非缔约方实践掌控条约解释将是十分荒唐的。

  在外国军舰无害通过这个问题上，缔约国之间存在着不同的立场。这些立场通常表现在它们的解释性声明或国内法律上。从《公约》的统一和权威的解释途径上看，《公约》第二百八十七条下的法庭或仲裁庭或许可以通过对个案的裁决，帮助做出一个清楚而权威的解释。然而，从目前来看，实现的希望十分渺茫。在国际海洋法法庭第16号案——孟缅海洋划界案（孟加拉国诉缅甸）中，国际海洋法法庭通过援引孟加拉国之前对缅甸做出的有关缅甸船舶可以在圣马丁岛邻近海域内"自由和不受阻拦地航行"这一承诺，为缅甸确立了在圣马丁岛（该岛属于孟加拉国）领海内的特定通航权，而孟加拉国负有对此通航权予以尊重的法律义务。② 这一特定通航权的设定考虑了以下背景，即孟加拉国依据《公约》第三百一十条做出解释性声明，明确要求外国军舰在进入其领海时需要事先通告。③

  在这里，孟加拉国的承诺及与该承诺相随的义务应当视为对缅甸在其部分领海的无害通过予以更大的允诺，并且该允诺不同于孟加拉国对《公

---

① North Sea Continental Shelf(F. R. G. v. Neth. v. Den.), Judgment, I. C. J. 43 - 4, p. 76 (Feb. 20, 1969), http://www. icj-cij. org/docket/files/52/5561. pdf, May 12, 2016.

② Dispute concerning delimitation of the maritime boundary between Bangladesh and Myanmar in the Bay of Bengal(Bangl. v. Myan.), Judgment (The Bay of Bengal Judgment), 2012 ITLOS, pp. 174 - 176 (Mar. 14, 2012), www. itlos. org/fileadmin/itlos/documents/cases/case_no_16/1-C16_Judgment_14_02_2012. pdf, May 11, 2016.

③ Bangladesh Declaration upon ratification, July 27, 2001, pp. 3 - 4, http://www. un. org/Depts/los/convention _ agreements/convention _ declarations. htm # BangladeshUponratification, May 11, 2016.

约》项下"无害通过"做解释时所做的限制。否则的话,国际海洋法法庭就没有必要特意点明孟加拉国的这一承诺。显然,国际海洋法法庭通过帮助确立缅甸在该海域内的特定通航权,避免了《公约》规定中关于外国军舰"无害通过"解释的传统冲突。①

就目前的国际司法实践来看,总体上,有关外国军舰无害通过的对立解释在国际法上都被视为正当。中国在这一问题上的立场在传统上与发展中国家保持一致,明确要求外国军舰在进入其领海时须获得事先批准。②然而,随着中国海军力量的日益强大,中国在这一问题上的立场也可能会发生变化:她也许效仿苏联,采用类似美苏1989年联合声明中达成统一解释的方法,与美国协调其作为海军强国的立场。不管怎样,对这一假设事件的讨论至多属于立法论的范畴。在解释论上,美、中两国围绕美国军舰在中国领海之内正在实施的所谓"航行自由计划"而产生的争论与其无关。

三、"拉森号事件":渚碧礁12海里内不被看好的"无害通过"

与中建岛不同,美国认为渚碧礁是一个低潮高地。根据《公约》第十三条,如低潮高地全部与大陆或岛屿的距离超过领海的宽度,则该高地没有其自己的领海。③换句话说,某一近岸低潮高地可以作为划基线的基点,从而达到"膨胀"出领海的效果。这和本文下面章节中将要提到

---

① 张新军:《国际海洋法法庭在孟加拉国诉缅甸的孟加拉湾案中的判决》,载《中国国际法杂志》,2012年第12卷,第268页。

② 《中华人民共和国领海及毗连区法》,第六条,第七届全国人民代表大会常务委员会第二十四次会议通过,1992年2月25日,参见 http://www.un.org/depts/los/LEGISLATIONANDTREATIES/PDFFILES/CHN_1992_Law.pdf,2016年5月12日。

③ 《联合国海洋法公约》第十三条。

的大洋中央的低潮高地或者远岸的（离岸距离大于12海里）低潮高地不同。①

据报道，美国军舰"拉森"号以"无害"的方式，通过了渚碧礁周围12海里的水域。报道所给出的理由是"拉森"号在实施上述通过时，关闭了火控雷达，并使直升机停驻在甲板上。并且，与该行动相伴的固定翼飞机的监控飞行也止步于渚碧礁的12海里。② 需要指出的是，对无害通过方式的评估要具体问题具体分析。比如某些情形下的无害通过可能允许对武器的使用做准备。③ 同样，通过时对于操练武器的审慎也不一定表示采用了无害的方式通过。在"拉森"号的上述通过中，至少美国方面可能认为其关闭火控雷达仅仅是在海上遇到中国军舰时的正常反应，以执行中美已经达成的两国海军海上相遇规则。④

虽然传言很多，但无任何中国官方渠道证实在现场对"拉森"号进行警告、监视和跟踪的中国军舰收到了来自"拉森"号的明确信号，表明它是在行使无害通过权。中国外交部发言人对于这一事件的声明中透露的信息是含糊的。发言人表示："美国'拉森'号军舰未经中国政府允许，擅自进入中国南沙群岛有关岛礁邻近海域……美方军舰有关行为威胁

---

① G. Poling, "South China Sea FON Operation 2.0: A Step in the Right Direction", *Asia Maritime Transparency Initiative*, Feb. 2, 2016, http://amti.csis.org/south-china-sea-fonop-2-0-a-step-in-the-right-direction, May 12, 2016.

② A. Klein & M. Rapp-Hooper, "What Did The Navy Do In the South China Sea?" *Law Fare*, Nov. 4, 2015, https://www.lawfareblog.com/what-did-navy-do-south-china-sea, May 12, 2016.

③ Corfu Channel case (U. K. v. Alb.), Judgment, I.C.J. pp. 28-30 (Apr. 9, 1949), pp. 30-32.

④ Document: Conduct for Unplanned Encounters at Sea, *USNI News*, June 17, 2014, https://news.usni.org/2014/06/17/document-conduct-unplanned-encounters-sea, May 12, 2016.

中国主权和安全利益，危及岛礁人员及设施安全，损害地区和平稳定。中方对此表示坚决反对。"① 虽然坚持需要事先批准，但是发言人避免提及渚碧礁的领海，而是强调"拉森"号威胁和危及中国在渚碧礁及其附近海域的主权和安全利益。

来自美国方面的非官方渠道则声称，美国军舰"拉森"号当时是在渚碧礁12海里内行使无害通过权。然而，这一说法受到了一些美国评论家的批评。他们认为宣称在渚碧礁12海里内进行无害通过，就意味着美国默认了渚碧礁这一被美方认为是低潮高地的海洋地物拥有12海里的领海。② 与此同时，另有一些美国评论家则根据《公约》第十三条的"膨胀"条款，为这种通过做辩解。他们认为，由于作为低潮高地的渚碧礁位于某一高潮时高于水面的岛礁的12海里之内，因而可以作为一个基点，用以"膨胀"出该岛礁的领海。这样，渚碧礁也可以有12海里的领海。③ 他们指出邻近渚碧礁的铁线礁（Sandy Cay）就是这样的一个岛礁。④

---

① 《拉森号进入中国南沙群岛有关岛礁邻近海域》，载中华人民共和国外交部网站，2015年10月27日，参见 http://www.fmprc.gov.cn/mfa_eng/xwfw_665399/s2510_665401/2535_665405/t1309567.shtml，2016年5月12日。

② A. Klein & M. Rapp-Hooper, "What Did The Navy Do In the South China Sea?" J. Smith, "An Innocent Mistake", *Foreign Affairs*, Dec. 3, 2015, https://www.foreignaffairs.com/articles/china/2015-12-03/innocent-mistake, May 12, 2016.

③ B. Glaser & Peter A. Dutton, "The U.S. Navy's Freedom of Navigation Operation around Subi Reef: Deciphering U.S. Signaling", *National Interest*, Nov. 6, 2015, http://nationalinterest.org/feature/the-us-navy%E2%80%99sfreedom-navigation-operation-around-subi-reef-14272, May 12, 2016.

④ Ibid. 葛莱仪和达顿认为，铁线礁这个地物位于渚碧礁附近，未由任何国家占领，不应将它与越南占领的敦谦沙洲相混淆，后者不邻近渚碧礁也与其"膨胀"出的领海没有关系。

在沉默近两个月之后，美国国防部部长阿什顿·卡特给美国参议员森·约翰·麦凯恩（亚利桑那州共和党人）写了一封信，在提及美国军舰"拉森"号的无害通过时表示：

> 如果渚碧礁位于有权拥有领海的另一海洋地物12海里之内——如铁线礁那样的情形——则渚碧礁的低潮线可以作为基点，用来测量铁线礁的领海。换句话说，在此情形下，虽然在自然状态下，渚碧礁在高潮时没入水中，但仍可以拥有12海里的领海。考虑到事实上的不确定性，我们进行该项航行自由计划的方式是为了确保在这些事实上的模棱两可得以澄清，争议得到解决，且各方就海洋权益声索达成明确的一致意见后，保持美国方案的正当性。①

如其所言，美国的官方立场是，即使假定美国军舰"拉森"号在渚碧礁12海里之内以无害通过的方式执行航行自由计划，该海域仍然可能位于依据铁线礁膨胀而出的12海里之内。令人费解的是，美国学者在援引"膨胀"条款为"拉森"号通过渚碧礁12海里的行为进行辩解时，挑选了无人居住的铁线礁，却无视与渚碧礁毗邻的中业岛这个南沙群岛中自然

---

① Document: SECDEF Carter Letter to McCain On South China Sea Freedom of Navigation Operation, *USNI News*, Jan. 5, 2016, https://news.usni.org/2016/01/05/document-secdef-carter-letter-to-mccain-on-south-chinasea-freedom-of-navigation-operation, May 12, 2016.

形成的第二大岛屿。① 考虑到包括渚碧礁以及其他在地理上散布于中业岛12海里之内的岛礁及低潮高地，渚碧礁是中业群礁的一部分。②

在为"拉森"号通过渚碧礁12海里的行为进行辩解时，或许美国不得已只能提及未被占领的铁线礁，而不方便提及为其盟友菲律宾所占据的中业岛。这一论证虽避免了承认渚碧礁独立拥有自己的领海，但却使得"拉森"号在该次航行自由计划下的行动导致了更为不利于其行动目的的后果。具体而言，美国通过援引"膨胀"条款来说明"拉森"号在渚碧礁附近所实施的无害通过是在中业群礁的领海内进行的，而非承认渚碧礁能独立拥有领海。但是，中国海军在现场的同一航次舰艇所实施的监视、跟踪"拉森"号的行为却明白无误地表明，中方没有行使无害通过而

---

① R. 佩德罗萨和詹姆斯·克拉斯卡在评价该事件时也未提及渚碧礁和中业岛的地理关系。但是他们认为，铁线礁（Sandy Cay）不是一个可以用来膨胀领海的"岛屿"。参见 R. Pedrozo & J. Kraska, "Can't Anybody Play This Game？US FON Operations and Law of the Sea", *Law Fare*, Nov. 17, 2015, https://www.lawfareblog.com/cant-anybodyplay-game-us-fon-operations-and-law-sea #; J. Kraska, "Forecasting the South China Sea Arbitration Merits Award", *Maritime Awareness Project*, Apr. 27, 2016, http://maritimeawarenessproject.org/2016/04/27/forecasting-the-south-chinasea-arbitration-merits-award, May 12, 2016. [作者译时补注：这一观点独特，即认为《公约》121（3）下的高潮时高于水面的岩石不能赋予寄生低潮高地以"膨胀"领海的效应。这一点在第13条"膨胀"条款的解释上存疑。特别是考虑到铁线礁明确位于中业岛12海里内的话，在中业岛—铁线礁—渚碧礁关系上将出现中业岛领海的"蛙跳"效应，进一步将中业岛领海以渚碧礁低潮线为基点"膨胀"。但J. 克拉斯卡在最近发表的一篇文章（"Forecasting the South China Sea Arbitration Merits Award"）中认为，"渚碧礁……距离菲律宾中业岛的最近距离仅为14公里"。这样的话渚碧礁可以直接由于和中业岛的地理关系膨胀出领海。结合两种领海"膨胀"情形，下文中描述的中业群礁将以中业岛为中心形成自己的领海。]

② 中业群礁包括中业岛（Thitu Island）、铁峙礁（Thitu Reef）、铁峙水道（Thitu Trough）、梅九礁、铁线礁（Sandy Cay）和渚碧礁，并形成以中业岛为中心"膨胀"而出的领海。

是主权行为。一方面,尽管美国的官方立场是在南沙群岛的主权争议中"不选边站",但"拉森"号在这次航行自由计划下的行动在客观上给予中国机会,促使中国军舰在菲律宾非法占领的中业岛12海里之内行使主权管辖;另一方面,主权争议的另一方菲律宾欢迎其盟国此次航行自由计划下的行动,也似乎忘记了向中国提出抗议,这只会使得本次行动的后果变得对菲律宾更加糟糕。

四、美国在南海地区中国"远岸低潮高地"附近的航行自由计划行动

美国可以在南沙群岛中,选择位于任何一个岛礁12海里之外的低潮高地,作为其未来航行自由计划的目标地。有人甚至建议美济礁是一个不错的选择。① 在这种"远岸低潮高地"的12海里内进行航行自由计划时,美国军舰将明确采取通常在公海采用的航行自由方式,以此来表明美国的航行自由计划既不需要事先批准,甚至也不需要采取"无害"方式。如果美国选择进行此种航行自由计划,其目的就在于反对中国在南沙群岛中的"远岸低潮高地"享有独立的领海:在美国看来,中国有这么做的动机,因为美国担心中国的有关陆域吹填活动正试图将低潮高地变为岛屿。

中国在1992年通过的《中华人民共和国领海及毗连区法》,宣布南海中的南沙群岛和西沙群岛及中国的其他海洋群岛都是中国领土的一部分,而中国的领海则指邻接其领陆的海域。② 该法还规定,中国采用直线基线法来确定其领海界限,宽度从领海基线量起为12海里。③

---

① G. Poling, "South China Sea FON Operation 2.0: A Step in the Right Direction".
② 《中华人民共和国领海及毗连区法》,1992年,第二条。
③ 《中华人民共和国领海及毗连区法》,第三条。

1996年5月，中国从整体上为西沙群岛划定了直线基线，采用了若干岛礁作为基点的直线连线；上述作为基点的岛礁包括"柯蒂斯·威尔伯号事件"中被闯入的中建岛。① 不过，迄今为止，中国并未为南沙群岛划定直线基线，更不用说依照《公约》要求公布该领海基线或其外部界限了。②

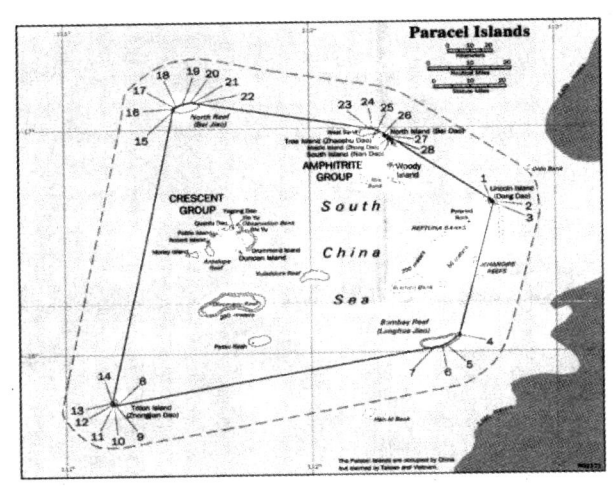

图1　西沙群岛周围的直线领海基线③

迄今为止，尚不清楚中国将于何时或如何划定其南沙群岛的直线基线。考虑到中国的立场是对于"作为整体的南沙群岛"享有主权，④因而中国有望在可以预期的未来划定一条直线基线，将南沙群岛中的每一个海洋地物包括在内。不过，由于中国已经与东盟签署《南海各方行为宣

---

① 《中华人民共和国政府关于中华人民共和国领海基线的声明》，1995年5月15日，http://www.un.org/Depts/los/LEGISLATIONANDTREATIES/PDFFILES/DEPOSIT/chn_mzn7_1996.pdf，2016年5月12日。

② 《联合国海洋法公约》，第十六条。

③ US Department. of State, 117 Limits in the Seas: Straight Baselines Claim: China 17: Annexed map (July 9, 1996), http://www.state.gov/documents/organization/57692.pdf, May 12, 2016.

④ 《中华人民共和国政府关于菲律宾共和国所提南海仲裁案管辖权问题的立场文件》，第20段。

言》,"承诺保持自我克制,不采取使争议复杂化、扩大化……的行动",①因此可以理解,从政治的角度考虑,中国对于在南沙群岛划定直线基线这一问题将采取审慎立场。从实施《公约》的技术角度上看,中国要找到南沙群岛边缘上合适的岛礁,将它们连成一条直线,以包括南沙群岛的全部海洋地物,也非易事。②

尽管如此,如果中国填补这个法律空白,即通过直线基线的方法为南沙群岛划定一条领海基线,那么,美国在整个南沙群岛地区进行航行自由计划的争论,其议题将变为该直线基线合法性的问题。这一问题也是美国在"柯蒂斯·威尔伯号事件"中的一个潜在论点。不过,即使不考虑作为整体的南沙群岛的直线基线,美国完全拒绝承认中国对于南沙群岛附近海域的主张也是站不住脚的。③原因就在于,根据中国1992年的领海和毗连区法,中国至少在南沙群岛的每一个岛屿都拥有宽度至少为12海里的领海。这些领海的存在基于事实本身,且自始即存在(ipso facto and ab initio),不受《公约》要求通告或向联合国秘书长提交相关海图或地理坐标清单等程序性要求的影响。

因此,上述有关美国航行自由计划应该在南沙群岛中国的远岸低潮高

---

① Declaration on the Conduct of Parties in the South China Sea, article 5, http://www.asean.org/? static _ post = declaration-on-the-conduct-of-parties-in-the-south-china-sea-2, May 12, 2016.

② 根据《联合国海洋法公约》,不在邻近岛屿12海里之内的低潮高地,只能在两种例外情形下作为基点:(1)低潮高地上筑有永久高于海平面的灯塔或类似设施;(2)以这种高地作为划定基线的起讫点已获得国际一般承认。参见《公约》第七条第四款。

③ Document: SECDEF Carter Letter to McCain On South China Sea Freedom of Navigation Operation, *USNI News*, Jan. 5, 2016; R. Pedrozo& J. Kraska, Can't Anybody Play This Game? US FONOperations and Law of the Sea, *Law Fare*, Nov. 17, 2015.

地附近进行的提议,带来了一个迫切需要解决的问题:对于一个国家以强化主权为目的,在其已占低潮高地进行了陆域吹填,其他国家是否可以以及在何种程度上能够在该低潮高地附近享有航行自由?

美国明确指出,无论是否有陆域吹填活动,这样的低潮高地都没有自己的领海。阿什顿·卡特认为:

> 有一件事情很清楚:根据海洋法,中国的陆域吹填活动不能使之产生拥有领海的权利,也不能以陆域吹填的方式改变我们在其附近进行航行的法律性质。我们认为,在中国将其改造为人工岛屿以前,渚碧礁就是一个低潮高地,因此不能拥有自己的领海。①

如果中国不能填补其国内法律上的空白,即通过将南沙群岛作为整体而划定直线基线的方式定义南沙群岛中的每一个海洋地物附近海域的法律性质,那么,卡特的观点将会是绝对正确的:不管是否对低潮高地进行了陆域吹填,远岸低潮高地都不能拥有领海。这种陆域吹填不能弥补远岸低潮高地并不能拥有领海这一一般法律属性。

问题在于,这种陆域吹填活动虽然不能将远岸低潮高地改造成自然形成的岛屿,使其周边海域获得领海地位,但它是否如有人声称的那样,将该低潮高地改造成了人工岛屿。如果是这样的话,由于人工岛屿不是国际法定义的岛,并不能拥有自己的领海,②这样,对低潮高地的陆域吹填——一旦使其变为人工岛屿——就没有太大意义。《公约》至多允许

---

① Document: SECDEF Carter Letter to McCain On South China Sea Freedom of Navigation Operation, *USNI News*, Jan. 5, 2016.

② 《联合国海洋法公约》,第六十条,第八款。

人工岛屿的所有人划定一个宽度不超过五百米的安全区域,对航行自由加以有限的管制。① 与此相对,对于航行自由在低潮高地周边水域受何种限制,国际法上并没有规定。

笔者认为,在低潮高地上进行陆域吹填,既不可能使其变为"岛",也不可能使其变为"人工岛屿"。特别应指出的是,建造人工岛屿和在低潮高地上进行陆域吹填是有着完全不同法律含义的两种工程。《公约》并未就"人工岛屿"这一术语给出定义,但在同一条款下将其归入"设施"和"结构"的相同类别;②它们均立足于大陆架这一概念并与其联系。③ 因而,上述人工构造指的是在海底海床上而非在低潮高地上的建筑工程。此外,《公约》第六十条第七款规定:"人工岛屿、设施和结构及其周围的安全地带,不得设在对使用国际航行必经的公认海道可能有干扰的地方。"④从性质上看,由于低潮高地本身就是海道所避免的航行上的障碍,因而该条规定不大可能适用于低潮高地。此外,第六十条还规定,在建造人工岛屿、设施和结构时要尽适当的通告义务,甚至要求条件许可时予以撤除。⑤ 然而,如果建造活动发生在一个已经标在海图上的低潮高地之上,这种通告就不是必需的。同时,在物理上撤除低潮高地也是不可能的。基于上述考虑,那种认为在低潮高地上进行陆域吹填将使其成为人工岛的观点也是不准确的。

留下的最后一个问题仍然涉及在低潮高地上进行陆域吹填的法律意

---

① 《联合国海洋法公约》,第六十条,第五款。
② 《联合国海洋法公约》,第六十条,第一款。
③ 1958 Convention on the Continental Shelf, *U. N. T. S.* Vol. 499, article 5, p.7302.
④ 《联合国海洋法公约》,第六十条,第七款。
⑤ 《联合国海洋法公约》,第六十条,第三款。

义。国际法上认为,通过自然原因而非人工方面的原因而发生的陆地"添附"可以成为领土取得的方式之一。① 从通常的国家实践来看,陆域吹填活动一般始于海岸地带并向海洋一面扩展,但不大可能超出领海的外部界限。 因此,在一个国家领海内进行陆域吹填活动很难被视为领土取得中的"添附"——当陆域吹填活动发生在一个国家的领海之内时,在领土取得上的确没有意义。 更重要的是,这种类型的人工建筑活动并不构成海岸的一部分,②不可让沿岸国以此用来重新划定基线并产生导致其领海的外部界限向海洋一面外移的效果。 简而言之,陆域吹填活动不是主张领土取得的"添附"方式。

可以认为,在南沙群岛中低潮高地上进行的陆域吹填活动不能视为"添附"。 更进一步讲,如果中国为南沙群岛划定一条直线基线,将其中的每个低潮高地都包括在内,则中国在这些低潮高地上通过陆域吹填活动进行的"添附"也不具有任何意义。

除了实际上达到改善其驻守力量这一目的之外,中国在南沙群岛上对包括低潮高地在内的海洋地物进行陆域吹填活动的法律意义和政治意义就在于,中国在部分遭外国非法侵占的南沙群岛上宣示其主权存在。 这是中国对维护其南沙群岛整体主权主张的一个现实步骤。 应当指出的是,上述主权宣示对于南沙群岛中单个低潮高地的意义并不确定。 在低潮高地是否可以获取主权的问题上,中国也注意到并援引了国际法院做出的两

---

① R. Anand, Accretion, *Max Plank Encyclopedia of Public International Law*, http://opil. ouplaw. com/view/10. 1093/law:epil/9780199231690/law-9780199231690-e1372, May 12, 2016.

② 《联合国海洋法公约》,第十一条。

个截然不同的裁决。①

现在回到本文的中心问题：一国在其占有的远岸低潮高地上进行陆域吹填活动以强化其主权，其他国家是否可以以及在何种程度上能够在该低潮高地附近水域享有航行自由？《公约》规定中清楚明白的一点是，陆域吹填活动或为显示主权的驻军活动不能使得低潮高地拥有自己的领海。然而，《公约》并未做出规定的是，对于国家用各种方式试图领有的这些低潮高地，其周边水域的法律地位究竟如何。如果国际法不禁止主权国家领有远岸低潮高地，在主权原则之下，国家当然可以出于自保和自卫的目的，在其主张主权的低潮高地周边海域划定基于实现其主权目的的管制区域；传统的航行自由将在此区域内消失。即使远岸低潮高地不能成为主权领有的标的，只要对于低潮高地的活动不被禁止（虽然对于远离大陆或岛屿的海洋中央的低潮高地的非主权领有并无现实意义），该低潮高地

---

① 《中华人民共和国政府关于菲律宾共和国所提南海仲裁案管辖权问题的立场文件》中认为，在2001年的卡塔尔诉巴林案中，国际法院明确表示，"在低潮高地是否可以被认为是'领土'这个问题上，国际条约法并无明晰的规定"，"国际法院也不知道有着一个统一而普遍的国家实践，可以产生习惯性规则，明白无误地许可或排除对于低潮高地的占有"。参见 Maritime Delimitation and Territorial Questions between Qatar and Bahrain (Qatar v. Bahr.), Judgment, I. C. J. pp. 101 - 102, paragraph 205 (Mar. 16, 2001), http://www. icj-cij. org/docket/index. php? sum = 443&p1=3&p2=3&case=87&p3=5；在2012年的尼加拉瓜诉哥伦比亚案判决中，国际法院却表示，"低潮高地不能被占有"。参见 Territorial and Maritime Dispute (Nicar. v. Colom.), Judgment, I. C. J. p. 641, paragraph 26 (Nov. 19, 2012), http://www. icj-cij. org/docket/index. php? p1 = 3&p2 = 3&case = 124&code = nicol&p3=4，2016年5月12日。在援引上述两个案件后，中国认为："不过，国际法院并未为其结论性声明提供法律依据，也没有触及作为群岛、主权或主权声索之一部分的低潮高地的法律地位问题，而这些主权或主权声索可能在特定海洋区域已经长期存在或及于这些地物。"《中华人民共和国政府关于菲律宾共和国所提南海仲裁案管辖权问题的立场文件》，第25段。

周围至少可以拥有一个类似于人工岛屿的安全区域。当该低潮高地驻有守备军队时,甚至可以设立类似海军编队作业时正当设立的"防卫警戒区";①航行自由也将止步于上述区域。

五、结　论

美国航行自由计划的重要目的之一就是,在《公约》为各海洋区域设定的通过规则或航行规则的适用、实施上放松管制。美国试图以此建立一个对美国海军有利的环境,以便其在世界范围内完成使命。尽管美国是没有批准《公约》的唯一海上超级大国,但美国十分热心地通过这一"去管制"过程,充分实现其在《公约》项下的无害通过和自由航行制度中的国家利益。对于美国和世界而言,也许美国加入《公约》,进一步将航行自由、无害通过这些问题纳入国际法机制和框架中加以解决,而不是通过伴随武力或武力威胁的单边"航行自由计划",将更加和平和有效率。作为《公约》缔约国的一个新兴海上力量,中国不一定会在上述通行和航行问题上固执己见,也不排除中国在《公约》不同海洋区域的通过和航行规则的解释问题上,有调整立场的可能。

不可忽视的是,美国在南海地区实施其所谓的航行自由计划时,包含了其他议程——正在执行中的"亚洲再平衡"战略。② 在这一战略议程下,美国在南海的航行自由计划并非仅仅为通过或航行上"去管制",而

---

① M. Schmitt, "Arial Blockades in Historical, Legal and Practical Aspects", in M. Schmitt ed. *Essays on Law and War at the Fault Lines*, 2012, p. 213.

② 关于亚太再平衡战略的更多讨论,参见 Eric Yong Joong Lee, "Trans-Pacific Partnership (TPP) as a US Strategic Alliance Initiative under the G2 System: Legal and Political Implications", *Journal of East Asia & International Law*, Vol. 8, 2015, pp. 337 - 339, http://yijuninstitute.blogspot.kr/2015/12/trans-pacific-partnership-tpp-as-us.html, May 12, 2016.

是在挑战中国在南海地区的主权——这一中国的核心利益。而中国捍卫主权的决心和立场则无可调整可能。在近百十年的近代史进程中，中国主权屡次遭到帝国主义的侵略，中国对此记忆犹新。中国反对美国在南海进行的这种航行自由计划正是在坚决捍卫自己对于南沙群岛的主权。

美国宣称航行自由计划是在海洋上实施法治，而基于《公约》解释的法律分析难以支持美国的立场。在法律和事实上，美国在南海的航行自由计划更多是对中国主权的侵犯。更进一步说，美国在南海实施的航行自由计划对南海地区领土问题和海洋争端的和平解决进程产生的负面影响不容忽视。美国和中国都应当根据国际法并以适当的外交方式谨慎行动。

南海仲裁案研究

中国为何不执行南海仲裁裁决？

高圣惕①

|摘　要| 本文解释中国拒绝执行南海仲裁案裁决之隐情。且不谈中国不执行裁决的理由，本文研究发现：中国即便想执行裁决，也无法执行。分析菲国各项诉求后，发现当仲裁庭接受菲国诉求时，中国执行裁决的作为及不作为，均将代表着中国放弃在南海的领土主张及海域划界主张。但菲国启动的联合国海洋法公约附件七之仲裁庭，无权解决中菲领土主权争端与海域划界争端，仲裁庭之裁决故不得损及与否定双方在这两类争端所持之立场及论点。中国遂无须执行"等于放弃（不得受裁决否定的）领土及划界主张的"裁决。

|关键词| 中菲南海仲裁案　中国不执行裁决　联合国海洋法公约　争端解决　南海争议　附件七仲裁庭

一、前　言

菲律宾南海仲裁案②实体裁决业已在2016年7月12日公布，中国政

---

① 高圣惕，台湾海洋大学海洋法律研究所专任国际法教授。本文见解仅为个人研究成果，不代表任何他人及官方机构。

② 菲律宾于2013年1月22日依据《公约》第十五部分与附件七的规定，启动中菲南海仲裁案，使用常设仲裁法庭作为秘书处，本仲裁案相关资料详见http://www.pcacases.com/web/view/7，2016年6月5日。

府表示"不接受、不参与、不承认"的立场。① 至少有以下五点原因：

第一，菲国违反承诺：菲国单方提起的南海仲裁案违反中菲之间通过双边谈判解决南海领土主权及海域划界争端的承诺与共识。②

第二，菲国诱导仲裁庭处理其"无权解决"之争端：菲国启动联合国海洋法公约（《公约》）附件七仲裁庭，③通过包装其15点诉求成为"非属领土及划界争端"的诉求，但在法律论点上处处否定中国南海的领土主张④及划界⑤主张之合法性，企图获致"间接"解决中菲领土及划界争端的实质结果，这两类争端却是本仲裁庭无权解决的争端。⑥

第三，本仲裁不能有效解决南海争端：仲裁庭无权解决的中菲南海领

---

① 见《九问南海仲裁案：菲律宾强推目的何在》，http://news.wenweipo.com/2016/05/15/IN1605150045.htm，2016年6月5日。

② 《中华人民共和国政府关于菲律宾共和国所提南海仲裁案管辖权问题的立场文件》，载外交部网站，2014年12月7日，http://www.fmprc.gov.cn/mfa_chn/zyxw_602251/t1217143.shtml，2015年7月21日。

③ 《公约》全文详见联合国网站 http://www.un.org/depts/los/convention_agreements/texts/unclos/unclos_e.pdf，下文引用《公约》将仅列出其条款序号而省略网址链接，2015年7月21日。

④ 菲国律师在2015年11月庭审会中，提出"南沙、西沙岛屿法律地位未定论"，意图否定中国对于这两个群岛的领土主权主张。菲国也主张中国在南沙群岛占领的几个岛礁仅为低潮高地（LTE），不能在其上主张领土主权，在其上驻守的中国军人应该撤离。

⑤ 菲国通过否定中国在南海U形线内的历史性权利主张，来达到否定南海U形线法律效力的目的，但南海U形线的部分功能是中国在与周边国家完成划定海域边界前所做的临时海域主张。菲国又主张南沙群岛当中不存在可以产生专属经济区及大陆架的"岛屿"，否定中国利用南沙群岛整体主张专属经济区及大陆架的海域权利，以建构"在西菲律宾海不存在中、菲两国专属经济区及大陆架重叠的划界问题"之理论。

⑥ 领土争端是《公约》附件七仲裁庭不能解决的争端，因为无涉《公约》的解释及适用。此外，海域划界争端系被中国政府依据《公约》第298条，在2006年提出的书面声明所排除，附件七仲裁庭遂无权审理。

土及划界争端，系菲国15点诉求所提种种"表面争端"的病灶与根源。裁决不利的一方，皆可援引不受裁决影响的领土及划界主张，合法化受裁决非难的执法作为及不作为。即便对菲国不利，但可依然故我，且不违法，中国亦然。① 如此，裁决岂有解决中菲争端之效力？反过来说，若中国应诉，必然将其在意的菲国窃占南沙群岛的领土主权争端一并提交仲裁。然而本仲裁庭无权审理此类争端，因为非属《公约》的解释或适用之争端，再度证明本案仲裁庭并非解决中菲南海真实争端之正确机制。

第四，仲裁庭第一阶段管辖权裁决显有瑕疵：仲裁庭第一阶段管辖权裁决呈现严重及明显的事实及法律的错误，导致裁决无效。② 举例而言，仲裁庭滥用证据、自相矛盾、违反"不告不理"与"平等对待双方"原则。菲国所有诉求无法通过的可受理性之门槛（如争端不存在）及管辖权门槛（如涉及主权及划界争端），裁决皆容许其通过。③ 启动第二阶

---

① 败诉方可用的法律理由，参见高圣惕：《论中菲南海仲裁案之无效性》，载《国际问题研究》，2015年第5期，第65－90页。Michael Sheng-ti Gau, "The Prospects for the Sino-Philippine Arbitration on the South China Sea (U-Shaped Line) Dispute", 31 *Taiwan Yearbook of International Law and Affairs*, pp. 195－230 (2013, Brill Publishers).

② Bin Cheng, *General Principles of Law as Applied by International Courts and Tribunals*, pp. 363－364 (1953).

③ 详细批驳理由，参见高圣惕：《论南海仲裁管辖权裁决之谬误》，载《国际问题研究》，2016年第2期，第100－125页。

段实体审判之法律基础荡然无存,①导致实体裁决不具法律效力。

第五,菲国论点自相矛盾、欠缺诚意:菲国启动仲裁时表示:"本案

---

① 批驳第一阶段管辖权裁决的学术论文,参见:Chris Whomersley, "The South China Sea: The Award of the Tribunal in the Case Brought by Philippines against China—A Critique", *Chinese J. Int'l L.*, http://chinesejil.oxfordjournals.org/content/early/2016/06/06/chinesejil.jmw011.full.pdf + html, 22 August 2016; Sreenivasa Rao Pemmaraju, "The South China Sea Arbitration (The Philippines v. China): Assessment of the Award on Jurisdiction and Admissibility", *Chinese J. Int'l L.*, http://chinesejil.oxfordjournals.org/content/early/2016/06/21/chinesejil.jmw019.full.pdf + html, 22 August 2016; Antonios Tzanakopoulos, "Resolving Disputes Over the South China Sea Under the Compulsory Dispute Settlement System of the UN Convention on the Law of the Sea", http://papers.ssrn.com/sol3/papers.cfm?abstract_id=2772659, 22 August 2016; Shicun Wu & Keyuan Zou (eds.), *Arbitration concerning the South China Sea: Philippines versus China* (Routledge, 2016); Michael Sheng-ti Gau, "The Agreements and Disputes Crystalized by the 2009—2011 Sino-Philippine Exchange of Notes Verbales and their Relevance to the Jurisdiction and Admissibility Phase of the South China Sea Arbitration", *Chinese J. Int'l L.*, August 20, 2016, doi: 10.1093/chinesejil/jmw023, http://chinesejil.oxfordjournals.org/content/early/2016/08/19/chinesejil.jmw023.full.pdf?keytype=ref&ijkey=88VuZV3gOXGKlj0, 22 August 2016; Stefan Talmon, "The South China Sea Arbitration: Observations on the Award on Jurisdiction and Admissibility", *Chinese Journal of International Law*, August 24, 2016, doi: 10.1093/chinesejil/jmw025, 2 September 2016; Abraham D. Sofaer, "The Philippine Law of the Sea Action against China: Relearning the Limits of International Adjudication", *Chinese Journal of International Law*, August 22, 2016, doi:10.1093/chinesejil/jmw026, 2 September 2016.

不在于解决领土及划界争端①,旨在部分解决南海多层次争端,以利日后谈判解决领土及划界争端②。"却提出"南海岛礁法律地位未定论",期待仲裁庭否定中国对西沙与南沙群岛之主权。③ 其诉求另图确定中国在所谓的"西菲律宾海"的管辖范围,④尔后菲国大可拒绝中国的划界谈判诉求(因为无此需要),如此岂能有利于未来谈判解决南海争端?

承上所述,中国政府"三不"主张有其道理。 然而,在美菲越日等国三年半以来在国际上不断诋毁中国的情况下,期待不了解内情的外国停止质疑中国遵守国际法的态度,或许可从不同角度叙事,探究较能赢得他国认同之"软调"论点。 本文要从另一角度讨论何以本案对中国不利的裁决滞碍难行。 换言之,**即便中国政府在万分之一的可能下,有意执行裁决,也难以照办**。 讨论个中道理前,先简单回顾仲裁程序之发展。

---

① 菲国要求声明,Notification and Statement of Claim on West Philippine Sea, No. 13 - 0211, Manila, 22 January 2013, para. 7 and para. 40. Philippines Department of Foreign Affairs, Notification and Statement of Claim on West Philippine Sea, No. 13 - 0211, Manila, 22 January 2013, Introduction page, http://www. philippineembassy-usa. org/uploads/pdfs/embassy/2013/2013-0122-Notification% 20and% 20Statement% 20of%20Claim%20on%20West%20Philippine%20Sea. pdf, August 31, 2016.

② First-round submissions by Solicitor General Hilbay, in Transcripts of the Hearing on 7 July 2015, p. 8. Fist-round submissions by Mr. Reichler, in Transcripts of the Hearing on 7 July 2015, p. 27.

③ Final Transcript Day 1—Merits Hearing (Loewenstein), pp. 92 - 93, 98, http://www. pcacases. com/web/sendAttach/1547. Final Transcript Day 2—Merits Hearing (Loewenstein), pp. 1 - 2, http://www. pcacases. com/web/sendAttach/1548, 2016 年 6 月 5 日。

④ 菲国第 1~2 项要求旨在否决南海 U 形线的法律地位,消灭中国使用历史性权利的机会,第 3、4、6、7 项要求旨在彰显中国在"西菲律宾海"的海域管辖范围只有四个领海小圈圈,中国没有 200 海里专属经济区及大陆架。 第 8、9、12、14 项要求以中国在"西菲律宾海"没有专属经济区及大陆架为前提,否定中国维权执法行为的合法性。 见菲国起诉状,第 271 - 272 页。 下载自 PCA 官网,同 p. 67 注②。

菲律宾阿基诺三世政府在2013年1月22日启动南海仲裁案,向中国驻菲大使递交一份包含10点诉求、12点主张的"诉求声明"(Statement of Claims)。① 后来菲国在2014年3月30日提交包含15点诉求的起诉状(Memorial)②,法律论点有所扩张及修正③。菲国在2015年11月举行的第一阶段庭审(Hearing)中,提出口头论点。④ 在2015年11月份举行的第二阶段庭审中,对15点诉求,又做出部分的修改及增补,主要

---

① 关于批评菲国要求声明的学术论文及专书,参见:Michael Sheng-ti Gau, "The Sino-Philippine Arbitration of the South China Sea Nine-Dash Line Dispute: Applying the Rule on Default of Appearance", *28 Ocean Yearbook*, pp. 81 – 133 (2014); Andreas Zimmermann & Jelena Bäumler, "Navigating Through Narrow Jurisdictional Straits: The Philippines – PRC South China Sea Dispute and UNCLOS", *12 L. & Prac. Int'l Ct. & Tribunals* 431 (2013); Ted L. McDorman, "The South China Sea: The U-Shaped Line, Islands and the Philippine-China Arbitration", *2013 German Y. B. Int'l L.* 33; Stefan Talmon & Bing Bing Jia eds., *The South China Sea Arbitration: A Chinese Perspective*, 2014; Mincai Yu, "China's Responses to the Compulsory Arbitration on the South China Sea Dispute: Legal Effects and Policy Options", *45 Ocean Dev. & Int'l L.* 1 (2014); Sienho Yee, "The South China Sea Arbitration (The Philippines v. China): Potential Jurisdictional Obstacles or Objections", *13 Chinese J. Int'l L.* 663 (2014); Mincai Yu, "China's Informal Participation in the Annex Ⅶ Philippines v. China Arbitral Tribunal's Proceedings", *30 Int'l J. Marine & Coastal L.* 54 (2015); Shicun Wu & Keyuan Zou (eds.), *Arbitration concerning the South China Sea: Philippines versus China* (Routledge, 2016).

② 起诉状,同 p. 71 注④。

③ 关于批驳菲国起诉状的完整法律论点,参见:高圣惕:《论中菲南海仲裁案的管辖权及可受理性问题》,载《中国海洋法学评论》,2015年第1期,第64 - 293页。

④ 关于批驳菲国关于管辖权及可受理性的口头论点的论文,参考:高圣惕:《论中菲南海仲裁案的不可受理性、仲裁庭裁决的无效性及仲裁庭无管辖权的问题—特别针对菲国在2015年7月7—13日听证会上提出的法律主张》,载《中国海洋法学评论》,2015年第2期,第1 - 207页。

针对中国在几个岛礁上的填海造陆行为影响海洋环境之议题。① 在 2015 年 10 月 29 日仲裁庭做出管辖权裁决后,②2016 年 7 月 12 日公布的第二阶段裁决中,仲裁庭宣布对第 14 项(a)到(c)点及第 15 项诉求不具备管辖权。 就仲裁庭具备管辖权的其他诉求的实体问题而言,菲国要求获得支持。③ 以下将分节逐步讨论为何裁决就中国而言,系滞碍难行。

二、南海 U 形线④难以删除:诉求 1～2

菲国第 1～2 个诉求旨在否定南海断续线背后的国际法基础,⑤南海 U 形线面对的国家为所有南海周边国家。 然而,本案原告仅菲国一个,⑥因此仲裁庭检视之海域限于"西菲律宾海",这也是菲国

---

① Ninth Press Release on 30 November 2015,http://www.pcacases.com/web/sendAttach/1524,26 July 2016.

② 仲裁庭第一阶段管辖权裁决,下载自 http://www.pcacases.com/web/sendAttach/1506,2016 年 6 月 5 日。

③ 实体裁决下载自:http://www.pcacases.com/pcadocs/PH-CN％20-％2020160712％20-％20Award.pdf, 26 July 2016。

④ 即断续线。

⑤ 菲国启动仲裁时提交的要求声明(后来被起诉状细致化),第一类要求旨在声明中国在南海的海域权利,纯系依据《公约》所能主张的海域,分别是领海、邻接区、专属经济区(简称专属经济区),及大陆架;中国依据 U 形线所建立的海域主张违反《公约》,在法律上无效。 1st—2nd Claims under para 31 and 1st—3rd Reliefs under para 41 of the Notification,同 p.71 注①。

⑥ 菲国并未代表越南、马来西亚、印度尼西亚、文莱而对中国提起仲裁,可见本案并非"集体诉讼"(Class Action)。 这些国家在本案均以第三方自居,越南及马来西亚甚至在不同时间提请仲裁庭注意,裁决不得损及他们在南海的海域权利。 见实体裁决,同上注③,第 36、105、634 - 635 段。

的本意。① 自菲国群岛基线向西延伸 200 海里内的"西菲律宾海"中,菲国与中国针对南沙群岛及黄岩岛有海域重叠的划界争端,以及因为划界争端尚未解决而产生的许多执法行为的争端。在这些争端背后,是中、菲两国针对所谓的"卡拉延群岛"及黄岩岛的领土主权争端,以及因为领土争端尚未解决所产生的隐性及显性军事行动②的合法性争端。

"西菲律宾海"并未囊括 U 形线的所有线段。因此,仲裁庭处理菲国第 1~2 项诉求时,仅能审视 U 形线在"西菲律宾海"中"那三段"的国际法基础(见图 1)。至于面对越南、马来西亚、印度尼西亚、台湾岛的其余几条断续线及其法律基础,因超越仲裁庭管辖范围,不受本案任何裁决影响。

从菲国的角度来看,若南海 U 形线(或其法律基础)被判违反国际法,中国自然应停止主张或使用 U 形线,或是在地图上删除 U 形线。然而,中国若是如此而为,等于放弃南海的领土及划界主张。

南海 U 形线在 1947 年的《南海诸岛位置图》首次出现,在图中系"岛屿归属线",描绘中国在南海主张主权的岛、礁、海上地物之所

---

① 菲国在 2013 年 1 月 22 日启动南海仲裁案时的官方声明,即以"西菲律宾海"作为"争端海域"为前提而展开其论述。"This afternoon, the Philippines has taken the step of bringing China before an Arbitral Tribunal under Article 287 and Annex Ⅶ of the 1982 United Nations Convention on the Law of the Sea (UNCLOS) in order to achieve a peaceful and durable solution to the dispute over the West Philippine Sea (WPS)." 参见 "Statement by the Secretary of DFA on the UNCLOS Arbitral Proceedings against China", http://www.imoa.ph/press-releases/statement-by-secretary-of-foreign-affairs-albert-del-rosario-on-the-unclos-arbitral-proceedings-against-china-to-achieve-a-peaceful-and-durable-solution-to-the-dispute-in-the-wps/,August 31, 2016.

② 比如说中国执法船在仁爱礁周围海域驱离菲国运补船、中国执法船在黄岩岛驱离菲国执法船、中国在占领的岛礁上填海造陆等行动,均有军事目的,参见菲国最终要求(final submissions),第 10-14 项。同 p.73 注①,第 6-7 页。

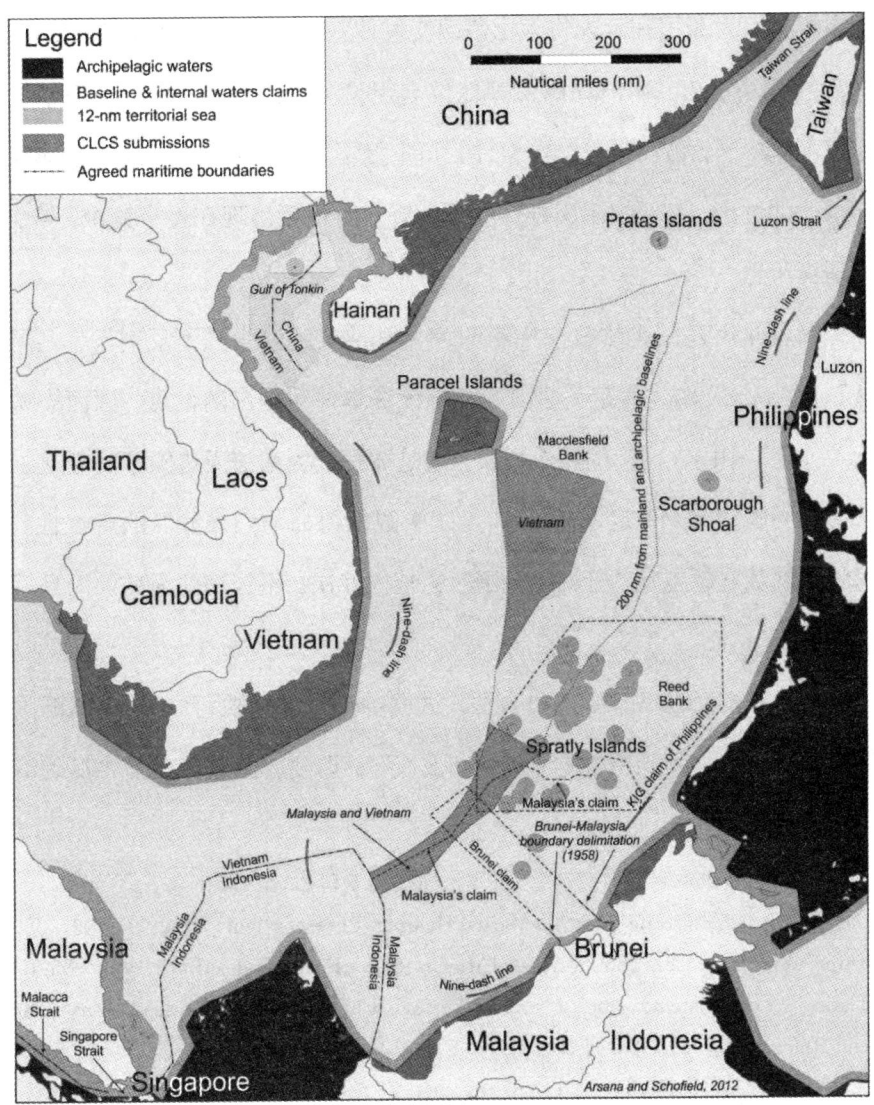

图 1　南海周边国家海域权利主张

出处：Lori Fisler Damrosch & Bernard H. Oxman, Agora: "The South China Sea, Editors' Introduction", 107 *American Journal of International Law* 95, at 96 (2013).

在。① 表面上看，仲裁庭即便支持菲国诉求，也不能撼动中国的南海领

---

① Michael Sheng-ti Gau，同 p. 72 注①，第 100 – 103 页。

土主权,因为菲国表示未将领土争端交付仲裁。① 然而,菲国在 2015 年 11 月份庭审提出"南海岛礁法律地位未定论"主张西沙、南沙群岛领土主权不属中国,波兰籍与德国籍仲裁员不但不制止这种言论,还热切地跟菲国律师讨论,甚至提出引导性问题,所有对话皆出现在逐字稿中,②令人匪夷所思。

倘若仲裁庭在实体裁决中有只字片语③被解读为"不反对"、"同情"、"认同"或"肯定"菲国这种不该在本仲裁提出的论点,因而被认为"否定"中国在南海的领土主权,或是被解读为南海周边国家的领土主张优于中国,等于否定 U 形线作为"中国南海岛屿归属线"的合法性。这将是仲裁庭超越其"管辖权范围"的越权裁决,不但违法无效,而且后患无穷。

退一万步而言,即便裁决合法,试问中国该如何执行? 要中国删除 U 形线这条彰显领土主权的"岛屿归属线",即要中国放弃对当中岛礁海

---

① 菲国要求声明,同 p.71 注①,第 3 页,第 7 段。

② Final Transcript Day 1—Merits Hearing (Loewenstein), pp. 92 – 93, 98, http://www.pcacases.com/web/sendAttach/1547; Final Transcript Day 2—Merits Hearing (Loewenstein), pp. 1 – 2, 13 – 17, http://www.pcacases.com/web/sendAttach/1548,2016 年 6 月 5 日。

③ 实体裁决,第 197、198、267 段,同 p.73 注③。 特别是第 267 段值得注意,仲裁庭认为菲国对于中国不具备南海岛礁领土主权的论点,对于岛礁法律地位的要求以及是否中国在 U 形线内对于有生命及无生命的天然资源享有历史性海域管辖权,有相关性。 "Because the Tribunal is not addressing questions of sovereignty, evidence concerning either Party's historical use of the islands of the South China Sea is of no interest with respect to the formation of historic rights [although, as will be discussed below (see paragraphs 549 to 551), it may bear upon the status of features pursuant to Article 121(3)]. The Tribunal does find it relevant, however, to consider what would be required for it to find that China did have historic *maritime* rights to the living and non-living resources within the 'nine-dash line'."

上地物的领土主权宣示,特别是南沙群岛大多数岛礁现在还被外国窃占。U形线对中国人而言,是提醒、反省及"国耻"之象征。 放弃使用U形线,等于停止教育国人完整南海领土的概念,等于放弃收复失地的使命。其实,南海U形线所蕴含的完整中国领土主张,最晚自1935年开始提出,①也比菲国的领土主张早40年,也比菲国主张全面,中国为何需要在裁决无权否定中国领土主张的状况下②放弃领土主张?

倘若裁决有只字片语被解读为认定U形线系中国"海域主张"的外部界线,③违反《公约》,因而无效,必须删除,那么中国也难以执行这种裁决。

首先,U形线是中国跟周边国家完成划界谈判前的"临时性海域主张",是划界谈判前的"起价",周边国家不接受系情有可原,但是它具有政治性质,不容司法机关否定,也无法在司法裁决后弃置不用。 过去中越谈判解决了北部湾领土及海域争端,U形线两条断续线被撤除,中国甚至把岛屿让与越南,④表示断续线"可妥协"之本质。 未来,当菲国愿意回到谈判桌,跟中国谈判解决南海领土及海域划界争端时,面对菲国的那三条断续线自可援例办理。

重点在于,具政治性质的海域主张在双边谈判圆满结束后可功成身退。 要中国在跟菲国启动谈判前撤除这种主张,等于要中国放弃海域划界的谈判立场。 在仲裁庭宣示无意为中菲两国划界的情况下,⑤裁决自

---

① Michael Sheng-ti Gau,同 p.72 注①,第 104-106 页。
② 参见管辖权裁决第153段,第60页,同 p.73 注②。
③ 菲国启动仲裁时即主张:中国在U形线内括海域主张主权及管辖权。 见要求声明,同 p.71 注①,第2、11段,第1、4页。
④ 高圣惕,同 p.72 注④,第 36-39,135-139 页。
⑤ 参见管辖权裁决第157段,第61页。

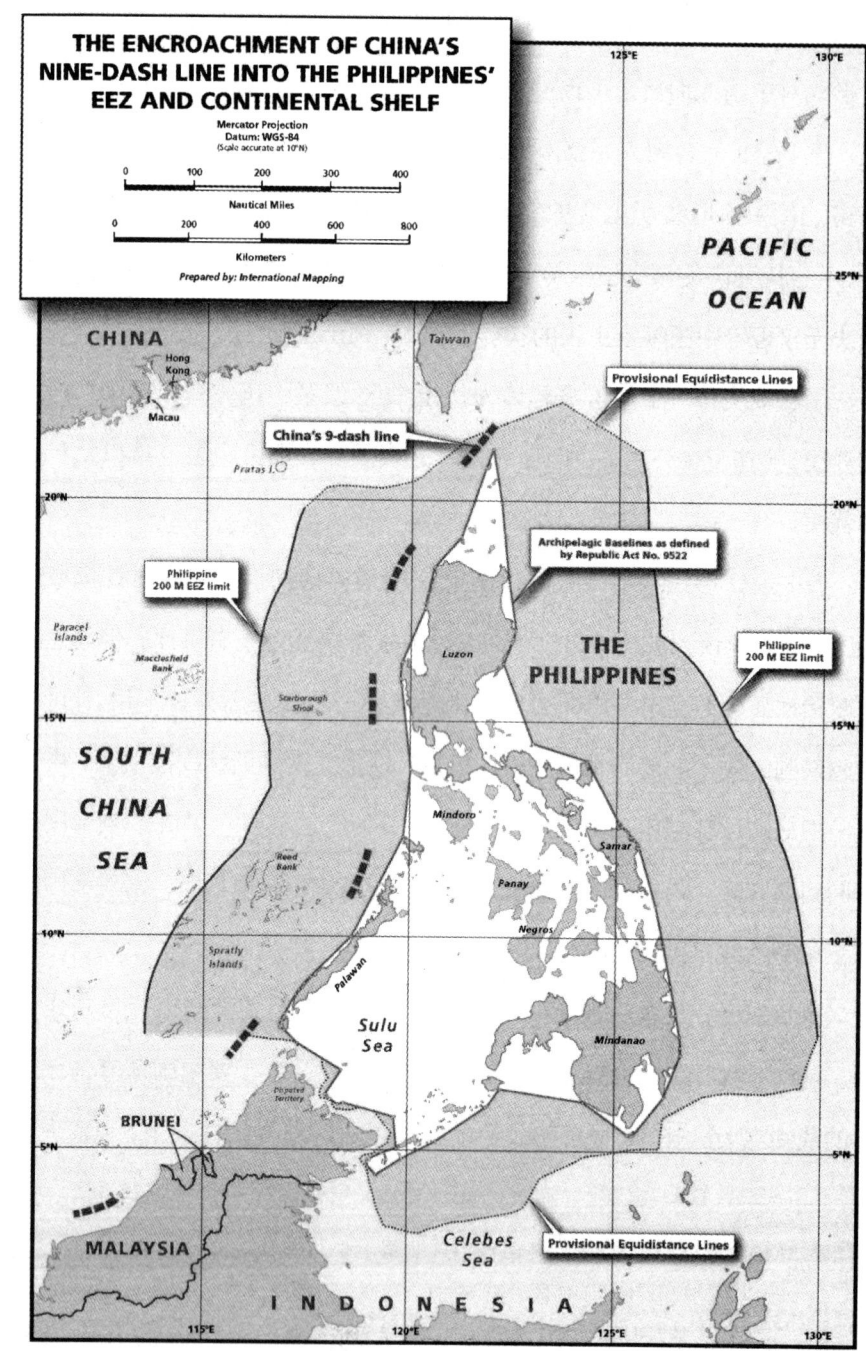

图 2　菲国起诉状 3.4 图

然不应损及各自划界立场，中国岂有必要及义务自毁立场？

最后，菲国在 2014 年 3 月 30 日提交的起诉状中，使用不连续的方式描绘北面（面对中国台湾）及南面（面对印度尼西亚及马来西亚）完成划界前的"临时性等距线"（provisional equidistance lines），详见诉状 3.4 图①（图 2）。菲国自己都用"不连续的"点状线，却指责中国在完成划界前用断续线主张临时海域界线，立场何在？反而证明中国的断续线临时海域主张具有连菲国也无法挑战的国际法依据。

三、中国在南海主张历史性权利的问题：诉求 1~2

首先，就本案仲裁庭管辖的地理范围而言，仅能及于所谓的"西菲律宾海"内中菲的海域主张所生争端，前已叙明。因此，本案仲裁庭无权在"断续线内，'西菲律宾海'外"的海域探询中国是否援引历史性权利来合法化其执法行为。因此，中国海洋石油总公司在 2012 年 6 月公布对外开放的石油探勘区（见图 3），虽然被实体裁决当成中国在 U 形线内主张历史性权利的证据，②由于涉及的区域在"西菲律宾海"之外，因此不但菲国无权作为论点之证据，仲裁庭也无权采纳并放入实体裁决当中。

其次，是否中国在"西菲律宾海"内有使用历史性权利作为执法行为的法律基础？这也不涉及"西菲律宾海"所有的海域。因为中国以南沙群岛为整体而主张专属经济区及大陆架，而菲国也多次间接承认卡拉延群岛内存在可以产生专属经济区及大陆架的"岛屿"。③因此，中国仅有可能在"西菲律宾海"内排除南沙群岛整体或其大岛产生的专属经济区及大

---

① 见起诉状，附图 3.4，同 p.71 注④，第 46-47 页。
② 见实体裁决，第 208 段。
③ 菲国自己也承认卡拉延群岛当中存在可以产生专属经济区及大陆架的岛屿，见 Michael Sheng-ti Gau，同 p.70 注①。

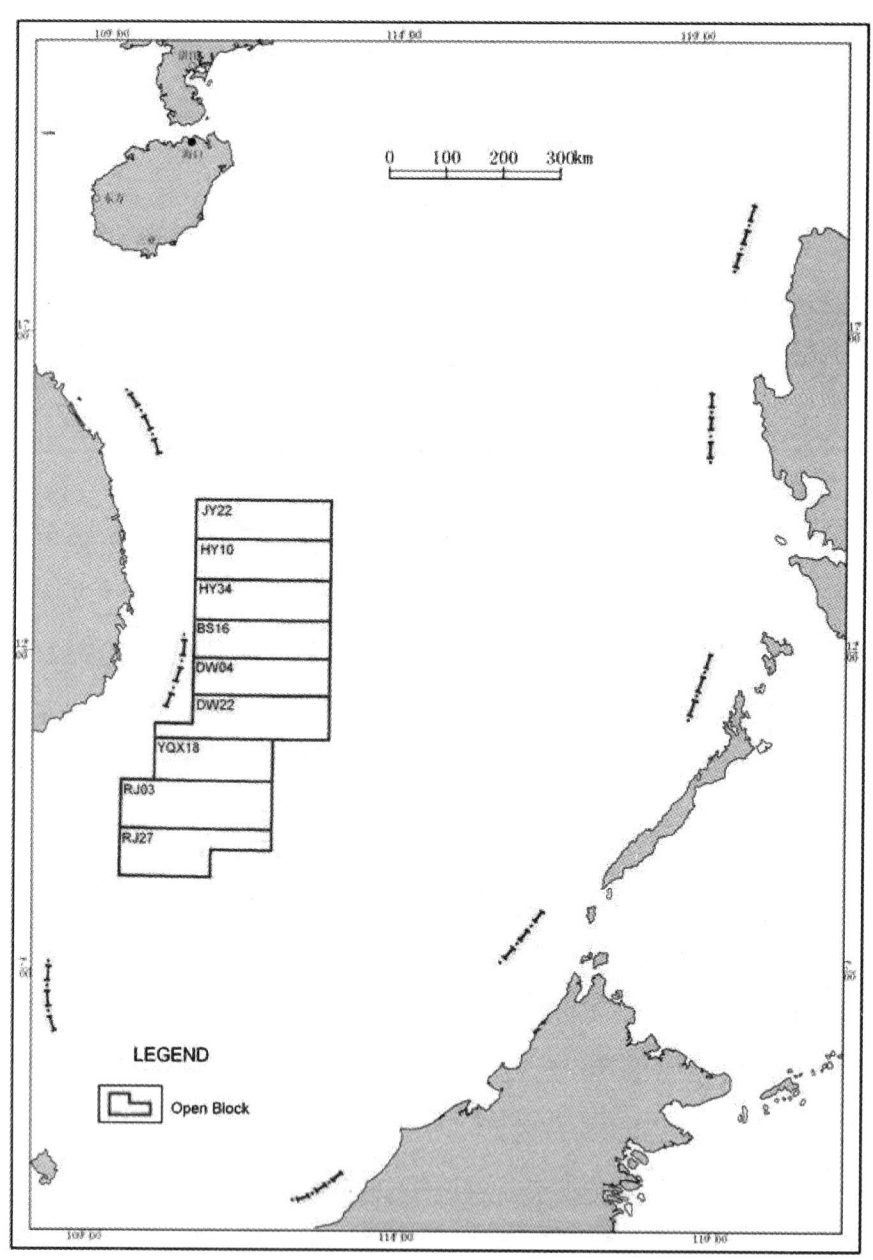

图 3　中国海洋石油总公司在 2012 年 6 月公布的开放石油探勘区块

（来自实体裁决第 89 页，Figure 3）

陆架外的"剩余海域"内使用历史性权利（如果中国想如此做的话）。再加上西沙群岛、东沙群岛以及台湾岛可被中国政府作为主张专属经济区及大陆架的依据，使得中国在"西菲律宾海"当中需要使用历史性权利作为执法行为依据的"剩余海域"变得更小（见图4）。

倘若黄岩岛属于"岛屿"，可以产生200海里专属经济区及大陆架，那么"剩余海域"的面积归零，中国在"西菲律宾海"完全无须使用历史性权利来合法化其执法行为（如"伏季休渔"规定）。如此一来，所谓中国在"西菲律宾海"中非法主张历史性权利的要求，因不能反映中菲争端，变成一个"假议题"（moot issue），于是在法律上属于不具可受理性（inadmissible）之要求。另外，倘若黄岩岛属于"岩礁"，中国若在黄岩岛领海外进行执法行动，才可能需要使用历史性权利作为法律基础。①

菲国主张中国在北纬12度以北的南海海域制定的"伏季休渔"（Fishing Ban）规定，展现使用历史性权利的意图，②但忽略一个前提问题：若菲国第3个诉求（黄岩岛的法律地位争端，是岛屿还是岩礁？）不能反映争端③或与海域划界相关，④诉求3则属"不具备可受理性"或"仲裁庭无管辖权审理之事"，则不能送进实体审，因而"黄岩岛是岛还是礁？"这个实体问题，仲裁庭无权回答。结果变成图4显示的，中国可能主张历史性权利的海域在哪？仲裁庭无法决定。因此，"中国是否在'西菲律宾海'主张历史性权利"这个问题，一并"无解"。仲裁庭也就不能说："中国在'西菲律宾海'当中非法主张历史性权利。"换言

---

① 见实体裁决，第211段。同 p.71 注④。
② 见实体裁决，第210段。同前注。
③ 见 Michael Sheng-ti Gau，同 p.70 注①。
④ 高圣惕，同 p.72 注③，第120-129页。

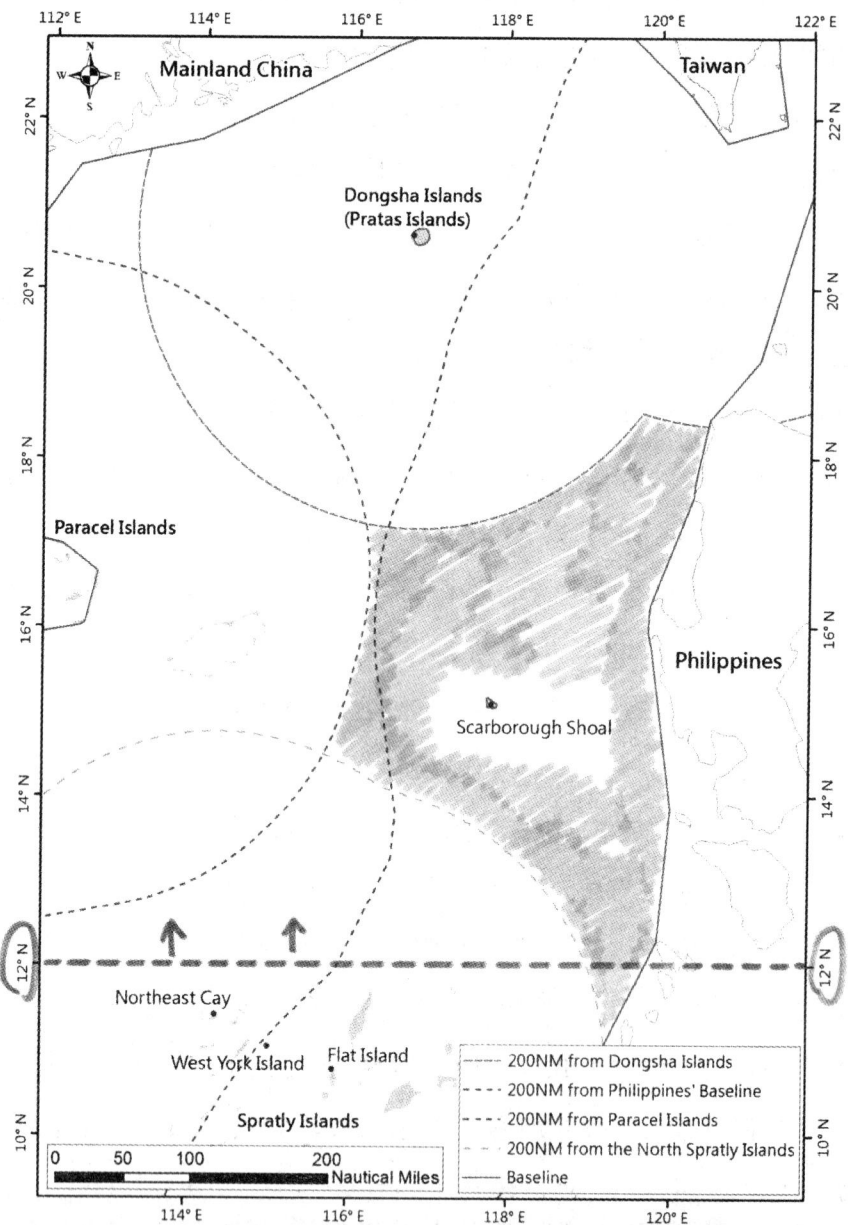

图 4 中国在"西菲律宾海"内可能使用历史性权利的海域示意图，北纬 12 度以北，属中国伏季休渔的海域

（图片由作者自行绘制）

之,仲裁裁决无权触及菲国所谓"中国在'西菲律宾海'内的历史性权利的主张"的合法性问题。

另一方面,《公约》附件七的仲裁庭,在审判实体问题前,须先确定其对于双方所提诉求所反映的争端,系具备管辖权。① 而在判断"是否具备管辖权(Jurisdiction)"前,须确定是否双方所提之诉求足以反映"争端"。② 若相关诉求在双方间"不存在争端",就通不过"可受理性"(admissibility)的门槛,如此,仲裁庭无权进行实体审判,也无权做出实体裁决,败诉方也就没有执行或不执行实体裁决的问题。 由此而论,具备"司法"性的仲裁庭显然无法审理"尚未发生"的争端,甚至做出实体裁决。

具体而言,倘若中国政府在南海仲裁案实体裁决前,并未在南海 U 形线内水域或在"西菲律宾海"内明确主张历史性权利,中菲之间便不可能存在"中国的历史性权利主张合法性"的争端。 仲裁庭则无法针对这种"不具备可受理性"的假议题进行实体审判,也不能针对中国"未来才可能提出的"历史性权利主张的假想性问题做出实体裁决。 倘若仲裁庭居然做出实体裁决,由于其管辖权及可受理性阶段的裁决存在合法性问题,所以实体性裁决欠缺法律基础,败诉方也就没有"执不执行实体裁决"的问题。

南海仲裁案第1~2个诉求当中,就出现这种"根本不存在争端,却

---

① 参见《公约》第288(1)条,以及《公约》附件七第9条。

② "The concept of a dispute is well-established in international law and the inclusion of the term within Article 288 constitutes a threshold requirement for the exercise of the Tribunal's jurisdiction. Simply put, the Tribunal is not empowered to act except in respect of one or more actual disputes between the Parties. Moreover, such disputes must concern the interpretation and application of the Convention." 参见管辖权裁决第148段,第57页。

让诉求进入实体审"的问题。

首先,菲国主张 U 形线是中国的南海"海域主张"的"外部界线"。换言之,菲国主张:"中国在 U 形线内海域主张海域管辖权。"①

其次,菲国主张,就中国在 U 形线内海域主张而言,唯一可行的法律基础是《公约》。因此,中国仅能在 U 形线内使用满足《公约》第121条定义的岛或礁来产生海域。不论是 12 海里领海小圈圈,还是 200 海里专属经济区或大陆架大圈圈,加总起来,形状会像一串葡萄,外围不可能呈现 U 形。中国"既然"在 U 形线内"所有海域"主张海域管辖权,必然需要另行援引国内法②以及习惯国际法的"历史性权利"作为法律基础。③

再次,菲国主张,《公约》生效后,缔约国即承担义务,在他国的专属经济区内放弃主张历史性权利。因此,中国在"西菲律宾海"不得主张历史性权利,因为"西菲律宾海"完全属于菲国的专属经济区及大陆架。④

问题是,中国是否真的主张 U 形线内"所有海域"的主权权利跟管辖权? 菲国使用的证据,真的可以证明中国有此种主张? 中国受菲国质疑的维权执法行为,是否"业已"使用历史性权利作为唯一合法化的基础? 作者不以为然,原因如下:

第一,《中华人民共和国专属经济区和大陆架法》第 14 条并未表明

---

① 管辖权裁决第 4、143 段,第 1、49 页,同前注。值得注意的是,在菲国 2013 年"要求声明"中,菲国主张中国在 U 形线主张"主权",同 p. 71 注①。

② 见《中华人民共和国专属经济区和大陆架法》第 14 条。另见高圣惕,同 p. 72 注④,第 21 - 23 页。

③ 管辖权裁决第 147 段,第 54 页,同 p. 73 注②。

④ Final Transcript Day 1—Merits Hearing (Oxman), pp. 53 - 76. http://www.pcacases.com/web/sendAttach/1547,2016 年 6 月 5 日。

中国在哪个海域主张历史性权利。①

第二，菲国在仲裁程序中提出的国际法学者以及实体裁决提及的学者②，没有任何人的著作系代表中国政府发言。这些学者没有任何人指证中国"业已"在南海主张历史性权利。这些学者仅是"臆测"中国政府可能在U形线内海域主张历史性权利。③

第三，菲国援引中国2009年及2011年致联合国秘书长的照会，当中提及"中国对南海相关海域具有主权权利跟管辖权"，作为中国在U形线内海域主张海域权利及管辖权的证据。④ 事实上，中国这两个照会有"针对性"，当中提到的"相关海域"，并非U形线内海域，而是照会抗议的对象越南及马来西亚两国在2009年向大陆架界限委员会提交的外大陆架划界案所申请的两个范围内确定的区块。换言之，菲国无法充分证明中国在2009年及2011年外交照会中主张U形线内水域的主权权利及管辖权归属中国（因为这并非越马两国划界案所提呈的海域）。越马两国划界案所提那两个区块，全部在中国西沙群岛及南沙群岛（暨其大岛）周围200海里内，⑤中国根本无须援引习惯国际法下的"历史性权利"作为主张那两个区块（即"相关海域"）的主权、主权权利和管辖权的法律基础。**最重要的是，这两个区块并不在"西菲律宾海"内，位于仲裁庭在本案有权审理的地理范围外，仲裁庭根本不该处理所谓的"相关海域"**

---

① 见《中华人民共和国专属经济区和大陆架法》第14条。另见高圣惕，同 p. 72 注④，第21-23页。另见实体裁决，同 p. 73 注③，第179段以及脚注144。

② 见实体裁决，同前注，第71页，脚注146-148。

③ 见《中华人民共和国专属经济区和大陆架法》第14条。另见高圣惕，同 p. 72 注④，第21-23页。

④ 见管辖权裁决，同 p. 73 注②，第164-168段。另见实体裁决，同 p. 73 注③，第182-185段。另见 Michael Sheng-ti Gau，同 p. 70 注①。

⑤ 高圣惕，同 p. 69 注③，第116-118、125页。

的议题以及证据(见图1)。

第四,中国在2011年照会中还援引《公约》作为中国在南沙群岛主张领海、专属经济区、大陆架的法律基础。① 也就是说,中国跟菲国一样使用《公约》作为在南沙群岛主张海域权利的法律基础。② 因此,中国在包括所谓卡拉延群岛的南沙群岛周围海域维权执法的法律基础是《公约》,而非历史性权利(参考图4)。

第五,菲国在仲裁程序中抱怨中国在"西菲律宾海"的执法维权行为(除"伏季休渔"规定外),以及对于天然资源的利用开发行为。引发中菲海上冲突的地点,全部位于中国在"西菲律宾海"主张领土主权的岛屿(大岛,比如说太平岛、中业岛、西月岛等)周围200海里的专属经济区及大陆架之内③(见图5),④以及黄岩岛领海内。中国完全可以援引《公约》的专属经济区及大陆架的主权权利及管辖权条款来合法化这些有争议的行为。中国无须使用习惯国际法中的历史性权利作为合法化这些行为的法律基础。

既然菲国所提证据不能充分证明中国在(小范围的)"西菲律宾海"真地使用历史性权利作为海域主张的唯一法律基础,菲国岂能说中国在(大范围的)U形线内水域主张历史性权利? 即便中国有此类主张,这也超出仲裁庭管辖的地理范围。 再者,中国在U形线内使用历史性权利作为维权执法行为的"唯一法律基础",不是过去式,不是现在式,只可

---

① 参见中国政府于2011年4月14日致联合国秘书长的外交照会,编号CML/8/2011。 下载自http://www.un.org/depts/los/clcs_new/submissions_files/vnm37_09/chn_2011_re_phl.pdf,2016年6月5日。

② 高圣惕,同p.69注③,第116-118页。

③ 高圣惕,同p.69注①,第90页(附表一)。

④ 见实体裁决,同p.73注③,第209段,以及图5,第269页。

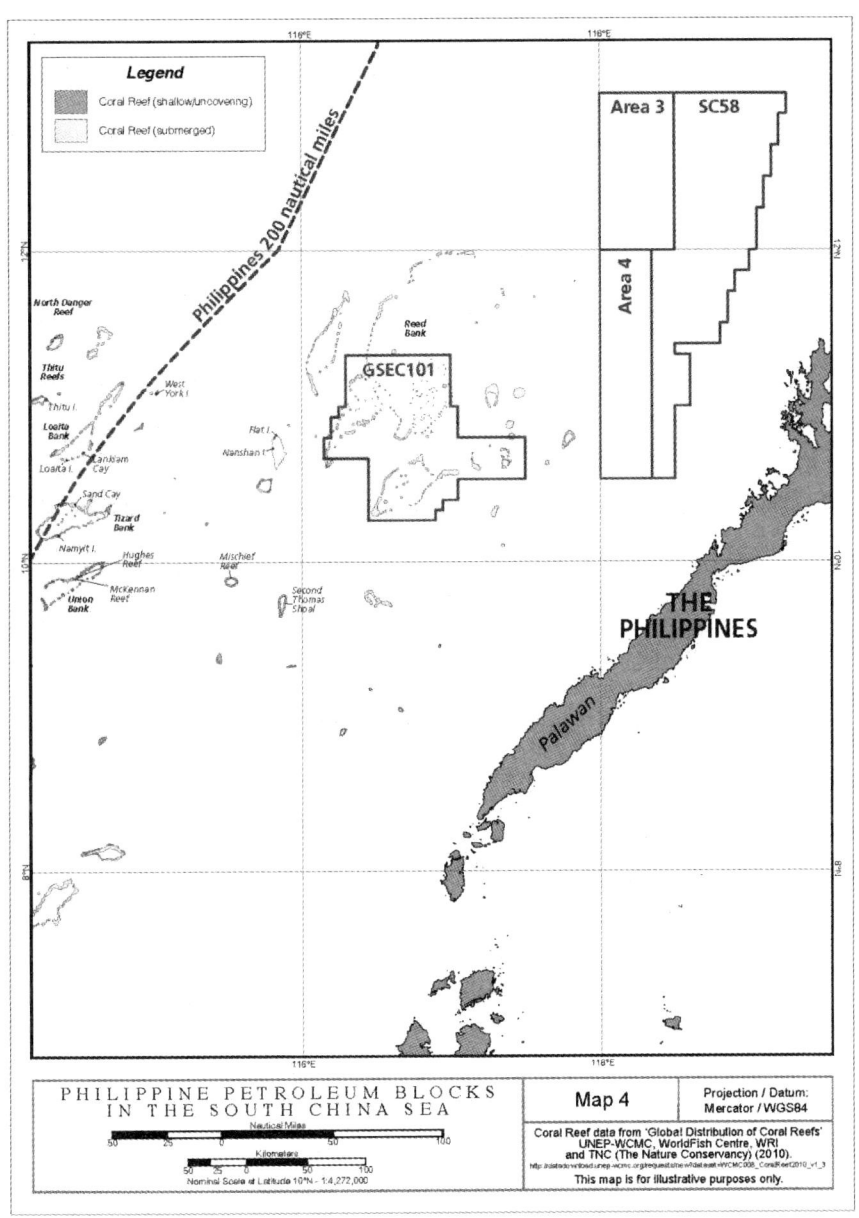

图 5 菲国在南海开放的石油探勘区块

(出自实体裁决,Figure 4)

能是未来式,就本仲裁而言,不具备可受理性,没有进入实体审判的范畴,也完全没有执行实体裁决的可能。在这样的情况之下,中国哪有执不执行关于菲国第1~2项诉求的实体裁决的问题?值得注意的是,仲裁庭最后在实体裁决中踩刹车,不在所有U形线内海域否定中国的历史性权利主张的合法性,仅就被U形线"相关部分"线段包含的海域中的历史性权利主张,给予否定的裁决。①

最重要的是,要中国放弃主张历史性权利而"停止"这些执法维权行为,作为执行裁决的方式,等于要中国放弃基于南沙群岛的整体或是大岛产生的海域权利,也形同使中国放弃未来跟菲国进行海域划界谈判的基本海域主张,当然滞碍难行。未来,中国可能在U形线内水域或是在"西菲律宾海"内援引历史性权利,而采取未被菲国在本案中抱怨的维权执法行动。这种行动产生的未来争端,并非这个于2013年启动的南海仲裁案的裁决可触及的事项。

四、九个海中地物的法律地位问题:诉求3~4、6~7

菲国在第3、4、6、7项诉求中,请求仲裁庭判断中国在"西菲律宾海"内占领及控制的九个海上地物的法律地位,认为当中五个仅系低潮高

---

① "In relation to the merits of the Parties' disputes, the Tribunal: …(2) DECLARES that, as between the Philippines and China, China's claims to historic rights, or other sovereign rights or jurisdiction, with respect to the maritime areas of the South China Sea encompassed by the relevant part of the 'nine-dash line' are contrary to the Convention and without lawful effect to the extent that they exceed the geographic and substantive limits of China's maritime entitlements under the Convention; and further DECLARES that the Convention superseded any historic rights, or other sovereign rights or jurisdiction, in excess of the limits imposed therein;"参见实体裁决,同前注,第473、278页。

地，四个仅为岩礁；中国遂无权在"西菲律宾海"主张专属经济区及大陆架。然而，实体裁决宣布，中国占领的海中地物中，有六个岩礁（黄岩岛、北—南熏礁、西门礁、赤瓜礁、华阳礁、永暑礁），五个低潮高地（渚碧礁、南—南熏礁、东门礁、美济礁、仁爱礁），①中国还是不能主张专属经济区及大陆架。中国在裁决后除了主张裁决违法外，另有难以执行之隐情。

中国从未在"西菲律宾海"以个别海上地物来主张专属经济区及大陆架，见诸仲裁庭第一阶段管辖权裁决引述的证据，也就是 2009、2011 年中国致联合国秘书长的外交照会②。中国在"西菲律宾海"系以南沙群岛的"整体"作为主张专属经济区及大陆架的基础。③ 菲国在本案主张中国不能使用九个地物主张领海、专属经济区及大陆架。中国如何执行裁决？中国或许可以重申照会中的立场，让仲裁庭知道菲国的要求其实牛头不对马嘴。

菲国诉求指出，这些低潮高地不坐落于中国的专属经济区及大陆架上，中国无权占领、不能建设、必须撤离。中国如何执行裁决④？中国最晚自 1935 年就针对这些地物提出领土主权主张⑤，要中国撤离，就是要中国放弃对它们的领土主权，但仲裁庭无权否定中国的领土主权，中国

---

① 见实体裁决，同 p. 73 注③，第 1203 段，第 471 - 477 页。
② 见管辖权裁决，同 p. 73 注②，第 169 段。
③ 高圣惕，同 p. 69 注③，第 103 - 109 页。中国 2009 年致联合国秘书长的照会，http://www.un.org/depts/los/clcs_new/submissions_files/vnm37_09/chn_2009re_vnm_c.pdf；另参见中国政府于 2011 年 4 月 14 日致联合国秘书长的外交照会，编号 CML/8/2011，下载自 http://www.un.org/depts/los/clcs_new/submissions_files/vnm37_09/chn_2011_re_phl.pdf，2016 年 6 月 5 日。
④ 实体裁决宣布，渚碧礁、南-南熏礁、东门礁不能被占领，不能被主张领土主权，见实体裁决，同 p. 73 注③，第 474 页。
⑤ 高圣惕，同 p. 72 注③，第 102 - 103、106 - 107 页。

又何必自毁立场？再者，中国使用五个低潮高地来捍卫其他六个"岩礁"的领土完整，避免被南海周边国家再次侵略，中国如何能够自低潮高地上撤离？

实体裁决宣布五个低潮高地不坐落于中国的专属经济区及大陆架之上，但菲国2011年4月5日致联合国秘书长的外交照会间接承认："卡拉延群岛的海中地物可产生专属经济区及大陆架。"①中国主张包含所谓卡拉延群岛的南沙群岛所有海中地物的领土主权，中国当然可主张卡拉延群岛的大岛产生之专属经济区及大陆架属于中国。这些大岛产生的专属经济区及大陆架，完全将这些低潮高地囊括在内。在这中菲重叠的专属经济区及大陆架海域上，仲裁庭无权划界，要中国放弃主张"这些低潮高地不在中国这一边的专属经济区及大陆架上"，等于是要中国放弃海域划界的立场，如何照办？

实体裁决要中国停止使用六个岩礁主张专属经济区及大陆架，还要中国停止在这些岩礁周围12海里外的海域行使专属经济区及大陆架的主权权利及管辖权。这样的裁决滞碍难行，因为中国根本没用（也无需用）这些岩礁主张专属经济区及大陆架。中国要么使用南沙群岛整体，要么使用南沙或卡拉延群岛内大岛（如太平岛、中业岛、西月岛）主张专属经济区及大陆架，便可涵盖这些岩礁12海里的海域，合法化其维权执法及针对天然资源的开发利用行为。②岩礁坐落于"中国这一边"的专属经济区及大陆架，无权划界的仲裁庭既然不能反对这个主张，中国为何要放

---

① 参见菲国于2011年4月5日致联合国秘书长的照会，编号000228，http://www.un.org/depts/los/clcs_new/submissions_files/vnm37_09/phl_re_chn_2011.pdf，2016年6月5日。另见高圣惕，同 p.69 注③，第105-106页。另参考 Michael Sheng-ti Gau，同 p.70 注①。

② 高圣惕，同 p.69 注③，第107-108页。

弃这种海域划界主张而执行败诉裁决,进而承认岩礁坐落于"菲国那一边"的专属经济区及大陆架?

就不属于南沙群岛的黄岩岛而论,菲国在第 3 项诉求中主张,中国利用该岛主张专属经济区及大陆架。但是从菲国所提的中菲海上冲突,涉及该岛周围海域的部分(即第 10、11、13 项诉求)而言,均发生于黄岩岛周围 12 海里领海内。① 因此,菲国无法自其所提证据证明,中国主张黄岩岛满足《公约》第 121(1)条的条件而主张该海上地物产生专属经济区及大陆架。② 换言之,所谓中国使用黄岩岛主张专属经济区及大陆架,纯属过去并未发生的争端,在本仲裁案根本不具备可受理性。依前所述,中国没有执行此项裁决的问题。

最有趣的是,历经几次修正的菲国诉求(submissions)还是仅请求仲裁庭审视中国占领的海上地物的法律地位,并未请求仲裁庭审视南沙群岛所有的海上地物,而这才是中国主张专属经济区及大陆架的事实依据。因为菲国了解,若要仲裁庭如此而为,将触及其他南海国家(比如说马来

---

① See Transcripts of the Hearing on 7 July 2015, pp. 8, 23 (Statement of Solicitor General Hilbay), 99 (Statement of Professor Sands). Also see Transcripts of the Hearing on 8 July 2015, pp. 30 (Statement of Mr. Martin), 86-87 (Statement of Professor Oxman). Also see Transcripts of the Hearing on 13 July 2015, pp. 15 (Statement of Mr. Reichler). 三篇逐字稿皆可自 PCA 官网下载: http://www.pcacases.com/web/view/7, 2016 年 6 月 5 日。

② 高圣惕,同 p. 69 注③,第 109-110 页。

西亚）的敏感神经，从而节外生枝，误其大局。① 但仲裁庭知道，倘若遵守"不告不理"原则，②仅就中国所占领的海上地物判断其法律地位，并不能回答"是否中国在南沙群岛有权主张专属经济区及大陆架？"这个关键问题。 仲裁庭在第一次庭审中，主动询问菲国律师南沙群岛所有海上地物的状况，企图完善化菲国论点，当时菲国律师还不愿配合。③ 后来，在第二阶段庭审中，菲国釜底抽薪，请出曾经在学术论文中主张南沙群岛有12个岛屿的澳洲学者Clive Schofield教授，④出庭自我否认。 加入菲国律师团队的Schofield教授告诉仲裁员：南沙群岛没有任何一个海上地物够资格称为《公约》第121条所规定的"岛屿"。⑤ 最后，仲裁庭在实体裁决中采纳菲国的主张，宣判：南沙群岛所有高潮高地，皆不满足"岛屿"的条件，因而中国不可能使用南沙群岛的整体主张专属经济区及大陆

---

① 马来西亚最后站出来警告仲裁庭不要在审理过程中损及马国在南沙群岛中的海域主张，马国在南沙群岛当中对于特定岛礁有领土主张，因此马国也就针对这些岛礁有海域主张。 既然仲裁庭要针对南沙群岛中"所有"海中地物审视其法律地位，马国主张领土主权的地物有可能被判为不能产生专属经济区及大陆架的"岩礁"，但是马国认为其所主张领土主权的地物，甚至有权主张超过200海里的外大陆架，因此发出正式照会提请仲裁庭注意。 参见实体裁决，同 p.73 注③，第 635 – 641 段。

② ICJ: Asylum Case (Interpretation) (1950), ICJ Reports, 1950, p. 395, at p. 402. The Court said: "One must bear in mind the principle that it is the duty of the Court... to abstain from deciding points not included in [the final] submissions [of the parties]" Also, ICJ: Corfu Channel Case (Compensation)(1949), ICJ Reports, 1949, p. 244, at p. 249.

③ 高圣惕，同 p.69 注③，第 110 页。

④ See Robert C. Beckman & Clive H. Schofield, "Defining EEZ Claims from Islands: A Potential South China Sea Change", 29 *The International Journal of Marine and Coastal Law* (2014), pp. 210 – 211.

⑤ 详见 Final Transcript Day 3—Merits Hearing (Schofield), p. 6, http://www.pcacases.com/web/sendAttach/1549。

架①,中国还无权在南沙群岛周围划定直线基线或是群岛基线②。 问题在于,仲裁庭此举违反"不告不理"原则③,岂有法律效力? 因此,中国没有遵不遵守裁决的问题。 更大的问题还在后头,未来不受本裁决拘束的马来西亚若是以南沙群岛特定岛礁主张专属经济区及大陆架,甚至超过200海里的大陆架,仲裁庭如何是好?

五、关于中国入侵菲国专属经济区及大陆架的海上冲突:诉求 8~9

菲国在第 8~9 个诉求中主张,中国入侵菲国在"西菲律宾海"的专属经济区及大陆架。 具体地说,菲国主张,在美济礁、仁爱礁、礼乐滩,菲国第 54、14、58、63 号开发合约的所在地,以及菲国第 3、4 号油气开发区块中(见图 5),中国不但妨碍菲国国民在该国专属经济区及大陆架对天然资源的开发利用行为,中国还纵容本国人在菲国专属经济区及大陆架中开发利用天然资源。 倘若裁决支持菲国诉求,中国则应停止这些妨碍菲国行使专属经济区及大陆架主权权利及管辖权的行为。

仲裁庭在实体裁决中,对于中国(1)在礼乐滩妨碍菲国行使大陆架的主权权利,(2)"伏季休渔"规定妨碍菲国渔民捕鱼,(3)纵容渔民在美济礁及仁爱礁捕鱼的三类行为,支持菲国诉求。④ 但是,为何中国难以执行裁决? 因为中国在"西菲律宾海"中也有专属经济区及大陆

---

① 参见实体裁决,同 p.73 注③,第 474 页。
② 参见实体裁决,同前注,第 573 - 575 段。
③ 中国根本没有在本仲裁案中提出任何答辩状,也没有提出任何对抗之要求,中国在 2014 年 12 月 7 日提出的立场文件,并非答辩状。 因此,仲裁庭仅能就菲国所提的最终要求(final submissions)来回答问题。 而菲国最后要求第 3、4、6、7 项,就其结构而言,系针对特定海上地物要求仲裁庭判断其法律地位。
④ 参见实体裁决,同 p.73 注③,第 1203 - B - (8-10)段,第 474 - 475 页。

架,完全可涵盖前述中菲海上冲突的地点。① 换言之,菲国抱怨的行为就是中国行使其专属经济区及大陆架主权权利及管辖权的结果。在中菲完成划界之前,这些发生在两国重叠的专属经济区及大陆架当中的执法冲突,岂能平息? 除非中国缺乏或放弃专属经济区及大陆架的权利!

菲国就是这样主张的:"中国在'西菲律宾海'没有专属经济区及大陆架。"首先,菲国认为南沙群岛没有任何一个海中地物满足《公约》第121条的"岛屿"条件,皆不具备产生专属经济区及大陆架的资格。② 其次,菲国在2015年11月庭审会中提出南沙、西沙群岛法律地位未定论,否定两个群岛的领土主权属于中国。③ 换言之,菲国主张,即便南沙群岛中有岛屿,可产生专属经济区及大陆架,这些海域权利也不归中国享有。

南沙群岛当中没有岛屿吗? 菲国在2011年4月5日致联合国秘书长的照会中间接承认卡拉延群岛(南沙群岛的一部分)中某些地物有权产生专属经济区及大陆架。④ 该照会被仲裁庭管辖权裁决及实体裁决当成重

---

① 中国可以使用南沙群岛中15个大岛来主张个别的专属经济区及大陆架,详见"表1:南沙群岛前15大岛屿之中英文名称及其地理坐标一览表",载于高圣惕,同 p.72 注④,第24 – 26 页。

② 详见 Final Transcript Day 3—Merits Hearing(Schofield), p. 6, http://www.pcacases.com/web/sendAttach/1549,有趣的是,菲国不将这种论点放进正式要求(submissions)。

③ Final Transcript Day 1—Merits Hearing(Loewenstein),pp. 92 – 93,98,http://www.pcacases.com/web/sendAttach/1547;Final Transcript Day 2—Merits Hearing(Loewenstein),pp. 1 – 2,http://www.pcacases.com/web/sendAttach/1548,2016 年 6 月 5 日。

④ 参见菲国于2011 年4 月5 日致联合国秘书长的照会,编号000228,http://www.un.org/depts/los/clcs_new/submissions_files/vnm37_09/phl_re_chn_2011.pdf,2016 年 6 月 5 日。另见高圣惕,同 p.69 注③,第105 – 106 页。另参见 Michael Sheng-ti Gau,同 p.70 注①。

要证据,①菲国后来基于国家利益,选择不使用这些岛屿来主张专属经济区及大陆架,但这不能抹杀南沙群岛中存在岛屿的事实。

南沙群岛的领土主权不属于中国吗? 这种说法在本仲裁案中,无法讨论,遑论认可。 菲国启动仲裁时就说,不把领土主权争端交付仲裁解决。② 即便领土争端提交仲裁,本案仲裁庭也无权解决,因为不属《公约》解释或适用的争端。 换言之,不管南海仲裁案裁决如何,中国对于南海四大群岛领土主张不受影响。 中国有权拒绝接受菲国在庭审中提出,并与仲裁员一搭一唱的"南海岛礁法律地位未定论"以及仲裁庭肯定菲国谬论的越权裁决。③

综上所述,中国在"西菲律宾海"的专属经济区及大陆架海域主张不能被仲裁裁决否定。 又因为仲裁裁决不能为中菲两国划定海域界限,中国遂无须接受"菲国第8~9项诉求提及海上冲突地点位于菲国专属经济区及大陆架的那一边"。 若是接受,等于在跟菲国双边谈判解决领土及海域划界争端前,放弃自己的领土及海域划界主张及立场,恐怕这才是中国难以执行菲国第8~9项诉求败诉裁决的深层理由。

六、美济礁与仁爱礁属于菲国专属经济区及大陆架的问题:诉求5

菲国第5项诉求期望仲裁庭裁决"美济礁及仁爱礁属菲国专属经济区及大陆架"。 仲裁庭在实体裁决中支持菲国主张。④ 中国难以执行裁决。 原因如下:

---

① 管辖权裁决,同 p.73 注②,第164-166段,第64-65页。 另见实体裁决,同 p.73 注③,第182-185段。
② 菲国要求声明,同 p.71 注①,第7、40段。
③ 值得注意的是,仲裁庭的相关裁决饶富深意,后患无穷。
④ 参见实体裁决,同 p.73 注③,第1203-B-(7)段,第474页。

第一,这项诉求不反映争端:中国从未反对"美济礁及仁爱礁属于菲国的专属经济区及大陆架",菲国在仲裁过程中无法证明中国有过这种主张。① 就中国而言,菲国既为《公约》缔约国,就能享有缔约国领土依公约产生的海域,包括专属经济区及大陆架。 中国不质疑菲国本土的主权归属,因此由菲国群岛基线向西延伸 200 海里,皆为菲国依据《公约》得以主张的专属经济区及大陆架。 美济礁及仁爱礁既然位于该海域("西菲律宾海")内,当然属于菲国的专属经济区及大陆架。 既然这项诉求就中菲间而言,没有争端,则不应通过"可受理性"的门槛而送进实体审。 中国也就没有执行仲裁庭针对此项诉求所做裁决的问题。

第二,真正的争端未被此项诉求反映:中菲针对美济礁及仁爱礁归属问题的真正争端是,"美济礁及仁爱礁亦属中国的专属经济区及大陆架"。 因为中国在"西菲律宾海"主张的专属经济区及大陆架,也涵盖美济礁及仁爱礁。 因此,中国有权主张美济礁及仁爱礁也属于中国的专属经济区及大陆架,但菲国不以为然。 菲国既然没有把真正的争端提交仲裁,依据"不告不理"之原则,②仲裁庭则无权审理此项真正的争端。

第三,仲裁庭违法将菲国诉求变形:仲裁庭在管辖权裁决第 172 段修补了不足以反映真正争端的菲国第 5 项诉求,将其变质成可反映争端的诉求。 仲裁庭说:"菲国这么做,在事实上,等于提交了关于被中国主张的每一个位于美济礁及仁爱礁 200 海里内的海上地物的法律地位的争端。"③由此可见,管辖权裁决把菲国第 5 项范围狭隘的诉求转变为一个范围广泛且方向不同的新诉求,以解释为何菲国第 5 项诉求"可以反映争

---

① 高圣惕,同 p.72 注④,第 35 页。
② 同 p.92 注②。
③ 管辖权裁决,同 p.73 注②,第 172 段。

端"。基于国际法院宣示的"不告不理"原则，①国际司法机关有义务避免审理不在双方最后诉求（final submissions）中的事项。本案的仲裁庭审菲国并未提交之诉求，显然越权。如此做出的裁决，在法律上属无效，遂无执行问题。

第四，就前项所称中菲间"真正的争端"而言，菲国甚至不认为存在：因为菲国不认为中国在"西菲律宾海"有权主张专属经济区及大陆架，因此美济礁及仁爱礁不可能坐落于中国的专属经济区及大陆架之上。为何菲国认为中国在"西菲律宾海"无权主张专属经济区及大陆架？如前所述，菲国主张南沙群岛中任何海上地物（包括太平岛、中业岛、西月岛三个最大的海中地物）皆不为《公约》第121条定义下的岛屿。也就是说，即便南沙群岛中存在"岛屿"，中国不享有南沙群岛之领土主权，②因此不能使用这类海上地物在"西菲律宾海"主张专属经济区及大陆架。两个理由都不成立，原因同前。因此，中国在"西菲律宾海"中有权主张专属经济区及大陆架，菲国及仲裁庭皆不应否认。在这种情况下，美济礁及仁爱礁当然也属于中国的专属经济区及大陆架的一部分。实体裁决支持菲国第5项诉求，中国若执行裁决，等于承认：**位于中菲重叠的专属经济区及大陆架中的美济礁及仁爱礁"坐落于菲国那一边"**，等于抛弃在"西菲律宾海"当中与菲国从事海域划界谈判的主张及立场。中国不可能放弃这种（连无权划界的仲裁庭也不得否定的）立场。中国难以执行此项裁决，有其道理。

七、黄岩岛周围的海上冲突：诉求10、13

2013年菲律宾阿基诺三世政府单方启动南海仲裁案之近因，是中国

---

① 同 p.92 注②。
② 此为南沙西沙岛礁法律地位未定论，同 p.71 注①。

在 2012 年 4 月夺回黄岩岛的控制权，在两国对于黄岩岛的领土主权之争中，开始占上风。因此，菲国在仲裁诉求中，把中菲两国在黄岩岛周边海域发生的海上冲突提请仲裁庭裁判，虽说其不将黄岩岛领土主权争端作为仲裁目标，然就菲国关于黄岩岛的仲裁诉求来看，却以贬损中国领土主权为宗旨。

菲国第 10 项诉求要仲裁庭宣告中国在黄岩岛周围 12 海里水域内非法妨碍菲国渔民行使其传统捕鱼权，应停止此项作为。实体裁决支持菲国主张。① 中国为何不可能执行裁决？

事实上，菲国对黄岩岛及周边海域，一向主张领土领海之"主权"及其意义下的渔权。仲裁程序中，转而主张存在于"外国"领海中的"传统捕鱼权"。② 然而，菲国不可能，也无需，更没有在裁决出炉后转而承认黄岩岛周围海域为中国领海，再以此为前提主张其渔民在该海域内的传统捕鱼权，因为裁决不影响中菲领土争端的各自立场。菲国传统渔权之说，因该国对海域的领土主张而失去前提依托，无法成立。再者，菲国从未在黄岩岛周围海域"主张过"传统渔权，中国（或是任何他国）则无从承认或默认，如何发展出对中国及其他国家有拘束力的传统渔权制度？菲国第 10 项诉求，纯属一时诉讼策略，不具可信度。③ 中国亦无须尊重此一假说，遂无裁决执行与否问题。

就中国而言，黄岩岛周围 12 海里是其领海，菲国渔船依《公约》仅能无害通过，不得渔捕。反观，菲国在该海域主张捕鱼权的"真正基

---

① 参见实体裁决，同 p.73 注③，第 1203 - B - (11) 段，第 475 页。
② Final Transcript Day 2: Merits Hearing (Martin), pp. 166 - 167, 171, 172, http://www.pcacases.com/web/sendAttach/1548, 11 June 2016.
③ 其实，菲国第 10 项要求根本不能反映任何争端，参考高圣惕，同 p.72 注 ④，第 48 - 51 页。

础"是对该水域的领海主权。如此事实,透彻研究本案三年的仲裁员岂能视而不见? 在中菲对黄岩岛领土领海主权争端解决前,要中国接受菲国的领海主权主张,放任菲国渔民捕鱼,然后承认中国渔民在该海域仅享同等性质的传统渔权,①等于使中国放弃对黄岩岛暨其领海之排他主权,中国如何能够接受这种裁决? 除非菲国愿意公开将黄岩岛领海主权让与中国!

菲国第 13 项诉求中谴责中国在黄岩岛领海违反"海上避碰国际规则",妨碍菲国公务船之航行,险些造成撞船事件。 裁决支持菲国。② 但是中国难以执行裁决,更不可能纵容菲国执法船尔后在该海域中横行,原因何在?

中菲对黄岩岛有领土之争,2012 年 4 月起中国夺回控制权,菲国仍怀侵略野心,其执法船不时逼近试探,假借航行自由之名,意图驱离中方人员。 中方为维护黄岩岛领土主权完整,在 2012 年 4 月 28 日及 5 月 26 日派执法船两度采取正面阻挡、尾随、拦截方式,使得具有敌对性的菲国海巡及监视船无法逼近黄岩岛,悻然离去。③ 仲裁案完结后,若有类似情况,中方基于联合国宪章保障的固有自卫权(inherent right of self-defense),仍得驱离菲方船只。 自卫权之行使不可能违反仲裁裁决,因为裁决的法律拘束力不及仲裁庭无管辖权裁决的"军事行动争端"。④ 此外,在菲国放弃对于黄岩岛的领土主张前,中国若执行本项诉求的裁决,在己方领海对不怀好意的菲国(甚至是偏袒菲国的美国、日本、澳大利亚)执法船遵守"海上避碰"规定,岂不是开门揖盗,成就菲国的侵略

---

① 参见实体裁决,同 p.73 注③,第 793 段。
② 参见实体裁决,同前注,第 1203 - B - (15) 段,第 476 页。
③ 参见实体裁决,同前注,第 417 - 420 页。
④ 参考高圣惕,同 p.72 注④,第 83 - 84 页。

企图? 因此,要求中国尊重或执行此项败诉裁决,等于要中国放弃领土主权之捍卫责任,是痴心妄想。

八、结论与展望

显然,南海仲裁案并非为"便利"中菲解决复杂而多层的南海争端而设①。 过去三年半的研究让作者深信本仲裁案旨在搞垮中菲关系,同时让美、菲、越、日等国取得控诉中国在南海"称霸"与后续另提仲裁的法律借口,是"法律战"的试探案例。 中国即便应诉,也不能解决中菲在所谓"西菲律宾海"的领土主权及划界争端。 双方关系只能越变越差。

基于本文分析,中国不执行裁决的深层理由是裁决滞碍难行,中国除非愿意放弃在所谓"西菲律宾海"内的领土及划界主张,否则无法执行裁决。 然而中国没义务,也不需要放弃领土及划界主张,因为南海仲裁案的仲裁庭无权解决这两类争端,也不能影响中国在这两类争端中所持的立场及法律理由。 更重要的是,本案裁决一再出现明显超越管辖权、曲解证据、罔顾事实、自相矛盾、违反"不告不理"原则的非法行径。 因而,中国不执行裁决,确有其坚实的法律基础。

---

① 同 p.71 注②。

论南海仲裁案后岛屿制度之实践
——明确标准或制造争端

戴宗翰①

| 摘 要 | 本文指出南海仲裁案中,菲律宾主张将太平岛降格为"岩礁"的目的在于排除中菲之间相当大的专属经济区潜在重叠区,借此让中国在南海的行为"非法化"。而仲裁庭对于1982年《联合国海洋法公约》第121条岛屿制度的法律解释,除衍生"法官造法"的问题外,在缺乏国际实践的可能性下,反而制造出更多的法律争端。

| 关键词 | 太平岛 《联合国海洋法公约》 第121条 南海仲裁案 岛屿制度

一、引 言

2013年1月22日菲律宾阿基诺三世政府根据1982年《联合国海洋法公约》(1982 United Nations Convention on the Law of the Sea, UNCLOS,以下简称《公约》)第287条与附件7规定对中国提起南海

---

① 戴宗翰,山东大学法学院海洋海事法研究所副教授、硕士生导师。本文由山东大学基本科研业务费专项资金资助;中国海洋发展研究会基金项目,"南海地区法律法理与合作机制研究",项目号:CAMAJJ201602,阶段性研究成果之一。

仲裁案。① 2014年12月7日我国发布《中华人民共和国政府关于菲律宾共和国所提南海仲裁案管辖权问题的立场文件》(以下简称《立场文件》)作为回应,重申我国对本案"不参与、不承认"之立场。② 2016年7月12日仲裁结果出炉,根据本案仲裁庭所发布的第11次新闻稿内容表示:"……认为南沙群岛无一能够产生延伸的海洋区域。仲裁庭还认为南沙群岛不能够作为一个整体共同产生海洋区域……"③

回顾本案,在程序及实体审听证会上,菲国已精心策划一系列针对南沙群岛各海洋地物法律地位挑战的论证。菲方为满足仲裁庭管辖权,单方声称本案不涉领土主权与海域划界,技巧性地一再强调:"菲方诉求与领土主权无关,仅需仲裁庭就南沙群岛及周边海域诸岛礁的法律定义做出判决。"④换言之,菲方认为本案所控诉各岛礁在法律上均不为"岛屿",而是"低潮高地"或"岩礁",因此南沙群岛各岛礁均不能产生专

---

① Article 287 (1) states that, "If the States Parties which are parties to a dispute concerning the interpretation or application of this Convention have agreed to seek settlement of the dispute by a peaceful means of their own choice, the procedures provided for in this Part apply only where no settlement has been reached by recourse to such means and the agreement between the parties does not exclude any further procedure." Annex VII, on the other hand, delineates the procedures of arbitration.

② "Position Paper of the Government of the People's Republic of China on the Matter of Jurisdiction in the South China Sea Arbitration Initiated by the Republic of the Philippines" (7 December 2014), available at The State Council, People's Republic of China website, http://english.gov.cn/archive/press_briefing/2014/12/07/content_281475020441708.htm.

③ Permanent Court of Arbitration, Press Release, "The South China Sea Arbitration (The Republic of the Philippines V. The People's Republic of China)", The Hague, 12 July 2016, p. 2, https://pcacases.com/web/sendAttach/1801.

④ Philippines/China, Hearing on Jurisdiction and Admissibility (July 7, 2015), p. 47, http://www.pcacases.com/web/sendAttach/1399.

属经济区及大陆架。据此,菲国巴拉望岛所产生专属经济区的海洋权利是专属的,中国于菲国专属经济区内之生物及非生物资源开采及执法行为系违法的。

据此,本文的研究目的是厘清两个主要问题,第一即菲国诉状中的第3至7项分别列举9个海洋地物(菲方主张均为岩礁或低潮高地),其中并不包括太平岛。然为何菲方却在听证会中大幅论证太平岛不符《公约》第121条第3款"岛屿"的法律地位? 是否太平岛作为"岛屿"对本案有重大之影响? 第二个问题是,本案仲裁庭在裁决太平岛法律地位时,用了诸多新设标准来延伸解释《公约》第121条的岛屿制度,而这样的法律解释究竟是将"维持人类居住或其本身的经济生活"的模糊法律用语明确化? 或者在国际实践上,最终只是成为不被他国所遵循亦不被未来国际法院及仲裁机构所必然性引用的结果,导致此法律解释最终沦为"法官造法"之恶例? 在本文论证下,此两个问题将逐步获得法律上的解释。

二、菲国岛礁法律地位诉求的法律意涵

(一) 主权争端抑或法律解释

2014年3月30日,菲国向仲裁庭递交诉状并列明15项诉求。其中第3至7项诉求针对中国南海9个实占岛礁的法律地位提出质疑,认为其中无一海洋地物可以产生专属经济区,且仅有部分岩礁可产生12海里领海。[①]

[①] 菲国主张美济礁、仁爱礁、渚碧礁、南熏礁、西门礁(包括东门礁)为"低潮高地"无从产生领海及专属经济区和大陆架;并主张赤瓜礁、华阳礁、永暑岛、黄岩岛为"岩礁"仅能产生12海里领海。

菲方律师团于仲裁庭上一再指称，本案的核心并非主权问题，而是"特定岛礁的法律性质"。① 为避免仲裁庭裁定对本案不具管辖权，菲方在诉讼技巧上小心翼翼地并未直接对中国在南海岛礁主权问题进行挑战，而是绕过主权问题采取针对岛礁法律性质、岛礁建设、执法活动和资源开采等问题来提出异议。换言之，菲方律师希望说服仲裁庭，无论是通过岛礁建设，还是自然形成的海洋地物，南海没有一座海洋地物符合《公约》第121条所规范的岛屿定义，因此均不能为中国产生专属经济区及大陆架。

如此一来，菲国诉讼表面上不涉及主权而仅为单纯岛礁法律地位解释，但事实上却是挑战我国南海岛礁主权，因为根据菲方主张，菲国巴拉望岛的200海里专属经济区是专属的且不受南沙群岛任何海洋地物影响，我国于南沙实占的4座"岩礁"（赤瓜礁、华阳礁、永暑岛、黄岩岛）12海里以外的活动均为非法活动，且侵犯了菲律宾主权权利。同时菲方主张，中国实占的5座海洋地物（仁爱礁、美济礁、东门礁、南薰礁、渚碧礁）属于低潮高地，不能通过占领取得主权，故中国的占领实为无效，更甚者主张美济礁、仁爱礁应属菲律宾大陆架的一部分（第5项诉求内容）。② 而当2016年7月12日仲裁庭错误裁定"……中国主张的岛礁无一能够产生专属经济区之后……"以及"……渚碧礁、东门礁、美济礁以

---

① Philippines/China, Hearing on Jurisdiction and Admissibility (July 7, 2015), p. 61.

② Philippines/China, Hearing on the Merits and Remaining Issues of Jurisdiction and Admissibility (November 25, 2015), p. 133, http://www.pcacases.com/web/sendAttach/1548.

及仁爱礁为高潮时没入水中的岛礁……"①这样的结果不就等同裁定中国于渚碧礁、东门礁、美济礁以及仁爱礁上的主权领有不具合法性？难不成中国还要依照菲国第5项诉求内容，将美济礁、仁爱礁的岛礁主权奉送给菲国？由此仲裁结果，吾人更加明确发现，菲国希望通过岛礁法律地位解释来改变我国对南海实占岛礁主权领有之现况不言而喻；而仲裁庭一方面说明其管辖权不涉及主权议题，然仲裁结果却又裁定我国南海部分岛礁在法律上为低潮高地，因此属非法占有，此矛盾更显示仲裁逻辑之谬误。

对此我国在《立场文件》中声明："菲律宾提请仲裁的上述事项的实质是南海部分岛礁的领土主权问题，超出《公约》的调整范围，不涉及《公约》的解释或适用。仲裁庭对菲律宾提出的这些仲裁事项均无管辖权。"②因为"只有首先确定中国在南海的领土主权，才能判断中国在南海的海洋权利主张是否超出《公约》允许的范围"。③我国的立场已经明确点出南海仲裁案的实质就是领土主权和海洋划界问题，在解决该问题之前，仲裁庭无权做出任何实体判决，也因此更说明了为何此次裁决在法律上是无效的，且对我国不具拘束力。

（二）诉求太平岛法律地位的法律意涵

菲国诉状的15项请求中，第3至7项分别列举9个海洋地物（菲方主张均为岩礁或低潮高地），其中并不包括太平岛。④值得讨论的是，为何菲方却在听证会中大幅论证太平岛不符合《公约》第121条第3款"岛

---

① Permanent Court of Arbitration, Press Release, "The South China Sea Arbitration (The Republic of the Philippines V. The People's Republic of China)", The Hague, 12July 2016, pp. 2, 9.

② China's Position Paper, para. 9.

③ China's Position Paper, para. 10.

④ 菲国诉状请求事项中的第3~7项所指中国9个实占岛礁分别是：黄岩岛、美济礁、仁爱礁、渚碧礁、南薰礁、东门礁、赤瓜礁、华阳礁以及永暑岛。

屿"的法律地位？因为在法律上，太平岛作为"岛屿"的法律地位即可产生专属经济区与大陆架，此将导致本案菲国所递交 15 项诉求中的 9 项（第 4、5、6、7、8、9、11、12、14 项）败诉。① 因此菲国不能不"花费大量时间"在听证会上的口头答辩中进行太平岛法律论证，将太平岛降格为"岩礁"。兹将法律理由说明如下：

第一，太平岛所产生 200 海里专属经济区将涵盖菲方诉求 9 座岛礁中的 8 座（即菲方主张美济礁、仁爱礁、东门礁、南熏礁、渚碧礁应为低潮高地；主张赤瓜礁、华阳礁、永暑岛为岩礁，黄岩岛不在该区域内）。② 由于太平岛与菲律宾巴拉望岛之间的距离为 199.6 海里，③若太平岛可产生专属经济区，则中菲之间就有相当大的专属经济区重叠区，而重叠区之海域划界非仲裁庭管辖范围，因此将导致菲国诸多控诉标的败诉。

---

① 戴宗翰、姚仕帆：《析论太平岛法律地位对南海仲裁案之影响》，载《国际法研究》，2016 年第 4 期，第 11 - 12 页。

② 各岛礁地理经纬度及距离太平岛距离一览表：

岛礁名称	经纬度	距离太平岛（海里）
太平岛	北纬 10 度 4 分东经 114 度 4 分	
赤瓜礁	北纬 9 度 42 分东经 114 度 17 分	38.22
华阳礁	北纬 8 度 53 分东经 112 度 51 分	123.87
永暑岛	北纬 9 度 30 分东经 112 度 53 分	92.02
美济礁	北纬 9 度 52 分东经 115 度 30 分	71.87
仁爱礁	北纬 9 度 7 分东经 115 度 9 分	97.72
东门礁	北纬 9 度 54 分东经 114 度 28 分	28.92
南熏礁	北纬 10 度 13 分东经 114 度 12 分	12.67
渚碧礁	北纬 10 度 54 分东经 114 度 4 分	36.86

资料来源：作者以"电子海图显示与信息系统（Electronic Chart Display and Information System，ECDIS）"自行绘制后，测量相关岛礁距离，误差值为 ± 0.3 nm。

③ Kuan-Hsiung Wang, "The Philippines' Dubious Claims in South China Sea Arbitration (January 26, 2016)", *The Diplomat*, http://thediplomat.com/2016/01/the-philippines-dubious-claims-in-south-china-sea-arbitration/.

第二，中国在菲方所称 8 座岛礁上进行建设活动，而这 8 座岛礁均在太平岛所产生 200 海里专属经济区与大陆架之内。根据《公约》第 60 及第 80 条规定，中国有权在这些岛礁上进行设施、安装与建设。①

第三，根据《公约》第 56 条规定，②中国有权在太平岛 200 海里范围内进行海上执法活动。

综上，在"一中原则"下，太平岛作为一个"岛屿"将导致菲方诸多控诉的败诉。也因太平岛法律地位对本案具重大的影响，菲国于 2013 年递交诉状前，其内部对此有一系列之辩论，最后在诉讼策略考虑下，菲国虽未将太平岛法律地位作为诉讼请求标的，但却将相关论证置于其听证答辩上。③

---

① 《公约》第 60 条规定："专属经济区内的人工岛屿、设施和结构：1. 沿海国在专属经济区内应有专属权利建造并授权和管理建造、操作和使用：(a) 人工岛屿；(b) 为第五十六条所规定的目的和其他经济目的的设施和结构；(c) 可能干扰沿海国在区内行使权利的设施和结构。" 第 80 条规定："大陆架上的人工岛屿、设施和结构：第六十条比照适用于大陆架上的人工岛屿、设施和结构。"《联合国海洋法公约》全文参见：http://www.un.org/Depts/los/convention_agreements/texts/unclos/UNCLOS-TOC.htm。

② 《公约》第 56 条 "沿海国在专属经济区内的权利、管辖权和义务" 的第 1 款第 1 项规定："1. 沿海国在专属经济区内有：(a) 以勘探和开发、养护和管理海床上覆水域和海床及其底土的自然资源(不论为生物或非生物资源)为目的的主权权利，以及关于在该区内从事经济性开发和勘探，如利用海水、海流和风力生产能等其他活动的主权权利。"

③ 菲律宾诉状原先删除了 14 段有关太平岛法律地位之论述，但菲方律师保罗·雷切尔(Paul Reichler)与劳伦斯·马丁(Lawrence Martin)曾于 2014 年 3 月 19 日写信告诉菲律宾外长罗萨里奥(Albert del Rosario)表示："倘将太平岛排除在本案诉讼之外，将会对本案造成严重影响。"这样的意见后经菲律宾律师团一系列讨论后，最后由菲律宾总统阿基诺三世(Aquino III)与外长罗萨里奥共同拍板定案，将原先删除的文字重新补上，并于 2014 年 3 月 30 日递交诉状。Nikko Dizon, "Integrity issue'vs SolGen: Legal Strategy or Disloyalty to Country? (August 20th, 2014)", *Philippine Daily Inquirer*, http://globalnation.inquirer.net/109598/solgen-jardeleza-questioned-by-jbc-on-handling-of-phs-spratlys-claim.

而对于一个非诉讼标的的太平岛,基于"不告不理"原则本应不予裁定,然仲裁庭最终竟将太平岛法律地位定性为"岩礁",此裁定除违反一般吾人所熟知的法律基本原则外,更凸显仲裁庭裁决之瑕疵与不公。

三、太平岛法律地位:论证与反驳

(一)菲国主张

本案在听证会中,菲国诉请仲裁庭裁决南沙群岛一些较大岛礁法律地位,其中除太平岛外,仍包括菲国窃占之中业岛、西月岛、北子岛,以及越南窃占的南威岛及南子岛,这些岛屿仲裁庭认为其原始状态于高潮时高于水面的陆地面积皆大于0.15平方公里。[①] 对菲国而言,只要将南沙群岛中最大岛屿的太平岛降格为"岩礁"则其他岛屿自然也会被降格,如此一来中国于南沙实占岛礁即无从产生与菲国重叠的专属经济区海域权利。

对此,菲国律师于2015年11月30日实体审听证会上,通过下面8个事项试图降格太平岛法律地位,分别是:(1)岛上没有淡水,水源无法饮用,无法维持人类居住;(2)岛上没有天然食物,无法维持人类居住;(3)岛上没有土壤,无法进行农业种植,无法维持人类居住;(4)岛上没有原住民;(5)除军事人员外,岛上从未有其他人员居住;(6)二战之前该岛屿甚至都没有被军事占领;(7)驻扎在该岛上的台湾军队完全依赖台湾岛方面补给,除了阳光与空气之外,他们无法从岛上得到任何生活所需用品;(8)在该岛上没有过任何经济活动。所以,菲律宾称:"由于太平岛无法维持人类生活或其本身的经济生活……

[①] Philippines/China, Award(12July 2016), paras. 401 – 406, pp. 179 – 181, http://www.pcacases.com/pcadocs/PH-CN%20-%2020160712%20-%20Award.pdf.

根据《公约》第 121 条第 3 款,此为一岩礁。"①

(二) 太平岛现况

太平岛(英文名为 Itu Aba),是南沙群岛最大的自然岛屿(涨潮时岛上面积为 0.51 平方公里,落潮时岛上面积为 0.98 平方公里),岛上呈现生物多样性,估计有超过 230 余种自然的物种。该岛位于南海南部,与中洲礁、敦谦沙洲、舶兰礁、安达礁、鸿庥岛、赤瓜礁一并组成了郑和群礁。太平岛"东西方向长度 1 289.3 米,南北方向长度 365.7 米"。②自 1956 年以来,太平岛一直由台湾当局进行行政管辖,并于 1990 年将其划归高雄市旗津区管理。③

就岛上现况观察,以可饮用淡水这一问题而言,目前已有大量官方报道与菲方论点相左。比如在台湾"外交部"声明中,我们可以看到"太平岛上有淡水井,以及自然植物",④自 1992 年以来太平岛上建成了"储

---

① Philippines/China, Hearing on the Merits and Remaining Issues of Jurisdiction and Admissibility (November 30, 2015), p. 12, http://www.pcacases.com/web/sendAttach/1550.

② Chinese (Taiwan) Society of International Law, "In the Matter of an Arbitration Under Annex Ⅶ to the 1982 United Nations Convention on the Law of the Sea", Taipei, Taiwan, (23 March 2016), p. 7. Kwang-Tsao Shao & Hsing-Juh Lin (Eds.), "A Frontier in the South China Sea: Biodiversity of Taiping Island, Nansha Islands," *Construction and Planning Agency* (Ministry of Interior, Taiwan, December 2014), p. 19.

③ Kwang-Tsao Shao & Hsing-Juh Lin (eds.), p. 18;王冠雄等:《"中华民国"南疆史料选辑》,台北市,中国台湾"内政部"2015 年版,第 24,82 - 85,97 页。

④ Statement on the South China Sea, Ministry of Foreign Affairs (Taiwan), July 7, 2015, http://www.mofa.gov.tw/en/News_Content.aspx? n=1EADDCFD4C6EC567&s=EDEBCA08C7F51C98.

水池、集水坪以及其他饮水设施",已有了可饮用的淡水。① 台湾亦发表了淡水井及岛上人员饮用淡水的相关照片。此外时任台湾"内政部长"陈威仁曾于2015年12月访太平岛,并拍摄了大量关于岛上植物与可饮用淡水的照片并公之于众(包括陈威仁饮用从井中取出的淡水,食用以岛上自然植物为原料所准备的午餐,还包括岛上所圈养的牲畜以及太平岛上驻扎人员所种植的蔬菜水果)。2016年2月,台湾地区领导人马英九访问太平岛,台湾公布了他在岛上"握着太平岛上土壤"以及"拿着太平岛5号井中取出的一小杯水并饮用"的照片。②

在专业调研方面,台湾农业委员会于2016年1月22日组织了一次登太平岛的活动,旨在提供科学证据,证明太平岛法律地位。本次调研活动有来自科学与法律团体的专家学者,经过两天的实地调查,他们披露了许多细节及照片资料,与菲律宾在仲裁庭所提交论据针锋相对。就淡水水质问题,通过实地调查得出结论,"太平岛的淡水可直接饮用,甚至比澎湖岛的地下水水质还好"。调查显示,"太平岛上土壤是自然形成的,并有许多自然植物以及农作物在此生长",比如可可、木瓜、芭蕉等

---

① Yann-huei Song, "Taiping Island: An Island or a Rock under UNCLOS?" *Asian Maritime Transparency Initiative* (May 7, 2015), http://amti.csis.org/taiping-island-an-island-or-a-rock-under-unclos/.

② Stacy Hsu, "Ma provides photographs of Taiping soil and water," *Taipei Times* (February 3, 2016), http://www.taipeitimes.com/News/taiwan/archives/2016/02/03/2003638721.

作物,足以证明太平岛可以"维持人类居住和其本身的经济生活"。①

四、仲裁庭岛礁地位的裁决:明确标准或制造争端

本案仲裁庭对有关岛屿地位主要是根据《公约》第 121 条岛屿制度来解释,该条文内容如下:

1. 岛屿是四面环水并在高潮时高于水面的自然形成的陆地区域。

2. 除第 3 款另有规定外,岛屿的领海、毗连区、专属经济区和大陆架应按照本公约适用于其他陆地领土的规定加以确定。

3. 不能维持人类居住或其本身的经济生活的岩礁,不应有专属经济区或大陆架。

根据上述条文第 1 款,只要涨潮时高于水面且自然形成的陆地区域就是"岛屿"(Island)的一种。符合第 1 款的"岛屿"具有 12 海里的领海,但符合第 1 款的"岛屿"倘若不符合第 3 款,则此处《公约》又称之为"岩礁"(Rock),因此"岩礁"仅被赋予 12 海里的领海,但是否可以主张毗连区,从《公约》文字上来看并没有明确说明。至于同时符合第 1

---

① Ministry of Foreign Affairs (Taiwan), "Taiping Island is an island, not a rock, and the ROC possesses full rights associated with an exclusive economic zone and continental shelf in accordance with UNCLOS," Press Release No. 23 (January 23, 2016), http://www.mofa.gov.tw/en/News_Content.aspx? n = 1EADDCFD4C6EC567&s = 542A8C89D51D8739; John W. McManus, Kwang-Tsao Shao &Szu-Yin Lin, "Toward Establishing a Spratly Islands International Marine Peace Park: Ecological Importance and Supportive Collaborative Activities with an Emphasis on the Role of Taiwan," *Ocean Development & International Law*, Vol. 41, No. 3, (2010), p. 271;从历史看到自然! 农委会提 6 点力证太平岛是"岛"不是"礁", ETToday,(27 January, 2016), http://www.ettoday.net/news/20160127/638455.htm; http://www.mofa.gov.tw/UplOad/RelFile/661/150648/a1fe8e7f-aeeb-4953-8921-ef2607294072.pdf.

及第3款的"岛屿"有学者将其比喻为"完整的岛屿"(full-fledge island),① "完整的岛屿"则被赋予200海里专属经济区及大陆架的专属性海域权利。

如今国际法学界最大的争议是,第3款文字中所谓"维持人类居住或其本身的经济生活",《公约》并没有明确定义。对此,菲方自行将第3款中有关"维持"、"人类居住"以及"本身的经济生活"的文字做出法律解释。菲方表示,"维持"指的是"岛礁本身的潜在可能性",而非"是否现在正在维持,或之前曾经维持人类居住及其自身经济生活"。② 而"维持人类居住"指的是一座岛礁必须有能力为"现存的人"提供必要生活条件,且"必须……通过其自然环境满足其条件"。③ 最后,就"其本身的经济生活"菲方的论证前后不一致。菲方首先指称该岛礁必须有能力"在没有外界干扰的前提下维持独立的经济生活";但随后菲律宾却又承认"并不需要100%自给自足",因为"在现代世界中,这种地方并不存在"。④ 最后就太平岛"维持人类居住"这一问题而言,菲方违背事实地表示岛上没有可饮用淡水、"自然形成且可种植农产品的土壤",所以太平岛不符合《公约》第121条第3款所谓的"维持人类居住"与"维

---

① J. Ashley Roach, "China's Shifting Sands in the Spratlys," *ASIL Insights* Vol. 19, No. 15 (July 15, 2015), http://www.asil.org/insights/volume/19/issue/15/chinas-shifting-sands-spratlys.

② Philippines/China, Hearing on the Merits and Remaining Issues of Jurisdiction and Admissibility (November 30, 2015), p. 69.

③ Philippines/China, Hearing on the Merits and Remaining Issues of Jurisdiction and Admissibility (November 30, 2015), p. 72.

④ Philippines/China, Hearing on the Merits and Remaining Issues of Jurisdiction and Admissibility (November 30, 2015), pp. 78–81.

持其本身的经济生活"的要求。①

令人讶异的是,对于菲方针对《公约》第121条第3款的法律扩充性解释,仲裁庭不但全盘接受且更加码替菲国论点补充解释,最终裁定南沙群岛包括太平岛在内的海洋地物没有一个符合《公约》第121条第3款的岛屿定义,因而不应赋予200海里专属经济区及大陆架的海域权利。②然而笔者认为仲裁庭的裁决法律理由等同自行替岛屿认定标准加设了新规范,这样的裁决早已远远超越《公约》之规范因而形成"法官造法"之恶例。以太平岛的状况来看,仲裁庭从可饮用水、植物跟生物、土壤农作物、渔民活动以及商业活动等五大方面来逐一检视,仲裁庭也承认太平岛上不论是过去或现在,或多或少皆存在上述所检视的标的,但令人匪夷所思的是仲裁庭接下来所自行加诸的严苛评断标准。

第一,在可饮用水上,仲裁庭承认太平岛可饮用水的品质是好的,但却又指出太平岛机场跑道的兴建影响岛屿本身吸取雨水转化为地下水的能力,导致淡水水源不如过去充沛。但现在重点是,太平岛有天然生成饮用水可"维持人类居住"是一个事实,在此前提下,仲裁庭怎又新设"水源是否充足到可供一群人饮用"作为评断标准?③

第二,在植物跟生物方面,仲裁庭也承认太平岛上布满了许多椰子、木瓜及香蕉树,但不解的是,仲裁庭却又呼应菲方论述来强调这些树种非

---

① Philippines/China, Hearing on the Merits and Remaining Issues of Jurisdiction and Admissibility (November 30, 2015), p. 15.
② Philippines/China, Award(12 July 2016), para. 626, p. 254.
③ Philippines/China, Award(12 July 2016), para. 584, p. 240.

原生物种,①笔者认为只要这些水果及物种可以食用且可生长在太平岛上,难道非原生植物所产出的果实就不能维持人类生存吗？因此是否原生难道是评断岛屿法律地位之重点？对此,菲方或仲裁庭都没有提供任何解释。

第三,土壤农作物的观察方面,仲裁庭承认太平岛上的土壤可以种植蔬菜水果,但却又指出土壤农作物生产有限而无法提供给足够人口食用。② 这里的问题是,以土壤农作物是否可以提供足够人口食用更是一种无法理解的模糊标准,因为在这样的标准之下,新加坡、中国香港,甚至大洋洲的诸多小岛屿国家如库克群岛、密克罗西亚联邦国、斐济、基里巴斯、帕劳共和国、马绍尔群岛共和国等,其土壤农作物生产也是有限而无法提供给该地足够人口食用,而须依赖大量进口食物,则上述地区及小岛屿国家,倘依据仲裁庭所设定的严苛标准来衡量,难不成皆成为"岩礁"了？

第四,至于渔民活动方面,仲裁庭承认南沙群岛渔民的活动,但却又说渔民主要来自中国海南省且其于南沙群岛的活动是短暂的,即使相对较长时间在岛上居住也只是为了贸易连结往来以及物资补给的目的使然。③ 对此,令人不解的是,根据《公约》文字规定,岛屿的评断标准应该是以可否"维持人类居住"作为评断重点,至于仲裁庭以渔民居住目的是贸易连结或物资补给来进一步论证太平岛没有"稳定的居民"（stable

---

① Philippines/China, Award(12 July 2016), paras. 585 - 593, pp. 240 - 244. 菲律宾根据1994年《太平岛植物》的文章资料,还区分了太平岛上原生植物与非原生植物,主张这些果树均为非原生植物。Tseng-Chieng Huang, Shing-Fan Huang and Kuo-Cheng Yang, "The Flora of Taipingtao (Aba Itu Island)," *Taiwania*, 39 (1 ~ 2), 1994, pp. 1 - 26.

② Philippines/China, Award(12 July 2016), paras. 594 - 596, pp. 244 - 245.

③ Philippines/China, Award(12 July 2016), paras. 600 - 601, p. 246.

community of people），这与太平岛本身可否"维持人类居住"有何逻辑上的关系？ 更甚者，仲裁庭全然忽视中国台湾自 1956 年起由海军进驻太平岛并成立南沙守备区以侦巡南沙群岛的事实。① 基于太平岛长期以来作为军事管制区的背景及主权争端背景，自然限制一般平民迁居，而是改由台湾当局进行行政管辖且由军警人员长期驻守，这些人员仲裁庭不将其视为"稳定的居民"反而自订新规范称"军事或政府人员驻守"不符《公约》第 121 条第 3 款"人类居住"的目的。② 仲裁庭这种新设以居住人员的"目的"跟"身份"来评断一个自然生成的海洋地物是否符合《公约》第 121 条第 3 款"维持人类居住"的岛屿的新标准，而不中立地思考该海洋地物在本质上能否"维持人类居住"，这样的仲裁标准不是"法官造法"那什么才是呢？

第五，有关商业活动是否存在于南沙群岛的问题，仲裁庭又新增岛屿"自然状态"作为评断标准，其虽然承认过去历史记载南沙群岛有鸟粪、贝壳采集及渔补等商业活动，但却又指出马来西亚窃占的弹丸礁，虽然有开发观光及潜水等休闲活动，但这些休闲商业活动所赚取的观光财是根基于岛礁建设（land reclamation）所附加产生的，并非该岛礁"自然状态"（natural capacity of the feature）。③ 对此，仲裁庭此处的商业活动自然是要检视南海岛礁是否符合《公约》第 121 条第 3 款中所谓的"维持其本身的经济活动"，但笔者认为仲裁庭将经济活动限制在岛屿本身"自然状态"是一项完全由法官"自由心证"的极端模糊标准。 因为以仲裁庭指出的弹丸礁为例，经济及商业活动是纯人类活动，弹丸礁水下资源与美景

---

① 王冠雄等：《"中华民国"南疆史料选辑》，台北市，中国台湾"内政部"2015 年版，第 63，82 - 85 页。
② Philippines/China, Award(12July 2016), paras. 618 - 620, p. 252.
③ Philippines/China, Award(12July 2016), paras. 602 - 614, pp. 246 - 251.

则是岛屿本身"自然状态",但若没有人类开发建设、规划交通运输,人类如何抵达并欣赏弹丸礁美景而产生经济活动? 一个纯"自然状态"的土地对人类而言就是荒地,哪来经济及商业活动。 哪怕是美国拉斯维加斯赌城,其"自然状态"不就是片沙漠,哪来商业活动可言。

五、结 论

《公约》第121条的岛屿制度于第1款明确规定,只要涨潮时高于水面且自然形成的陆地区域就是"岛屿"的一种,但第3款却刻意模糊运用"维持人类居住或其本身的经济生活"的法律用语来区分岛屿跟岩礁,这反映《公约》谈判当时,各国在各自国家利益坚持之下所妥协而出的一种法律用语,这样的设计不但有其时代背景,反映国际利益衡平思维,更彰显国际公法乃维系全体人类共识的一种至高精神与智慧。 此时,模糊的法律用语在全体人类尚未达成共识前都不应被明确化。

本案菲方刻意将太平岛法律地位之辩证置于听证会上之口头答辩,主要是因为在法律上将太平岛降格为"岩礁"将有利菲国诉状的请求事项。 首先在主权问题上,倘若太平岛作为岛屿且可以产生专属经济区与大陆架,则菲方15项诉求中,9座中国实占岛礁中有8座位于太平岛200海里专属经济区内。 所以这8座实占岛礁,在法律上也可以解释为属于太平岛大陆架的一部分,其主权自然属于中国,至多与菲律宾大陆架有部分重叠;至于这8座岛礁在法律上究竟是"岩礁"或"低潮高地",能否产生专属经济区,都将不影响中国领有主权以及维权行为。① 其次在中国海上活动方面,太平岛作为一个岛屿,而中国的海上活动恰好皆位于太平岛

---

① 笔者在此特别强调,上述论述只是本文假设性命题下所导出的一种法律解释选项,不代表中国于南沙群岛8座实占岛礁本身不能产生专属经济区及大陆架。

专属经济区内，所以当然也可解释，而中国在太平岛以及南海任一个岛屿（包括黄岩岛）的专属经济区内执法及开采活动均为合法，故菲律宾关于中国侵占其专属经济区及大陆架之主张实为无效。最后在岛礁建设方面，对我国而言，纵使仲裁庭裁决中国实占的5座海洋地物（仁爱礁、美济礁、东门礁、南薰礁、渚碧礁）属于低潮高地，只要太平岛是岛屿，基于中国上述岛礁建设同样在太平岛专属经济区及大陆架范围内，因此相关建设当然合法。由此可见，对菲方而言，太平岛法律地位是"岛屿"或是"岩礁"乃成为本案关键成败因素之一。

2016年7月12日仲裁结果出炉，仲裁庭于审查太平岛法律地位时将"维持人类居住或其本身的经济生活"此一模糊法律用语，采用可饮用水、植物跟生物、土壤农作物、渔民活动以及商业活动等五大因素来作为标准予以法律解释。对此，五位仲裁员做了《公约》当时各国谈判代表所不敢也不愿意做的事情，就是把《公约》第121条第3款予以明确化的法律解释，但细究仲裁庭的法律解释则可轻易发现，五位仲裁员自行设立所谓五大因素的审查标准，其中充斥着法官自由心证以及实践上的困难。例如，在饮用水上，新设"水源是否充足到可供一群人饮用"；在植物跟生物方面，新设讨论是否原生或外来物种；在土壤农作物方面，新设"土壤农作物仍须提供给足够人口食用"；在"维持人类居住"方面，新设对于居住人员时间长短、目的，甚至身份区别等限制；在"维持其本身的经济活动"的商业活动上，更新设经济活动要单纯仰赖岛屿本身"自然状态"等诸多评断标准。或许在仲裁员的自由心证下，其希望通过上述新设标准来解释何谓"一个岛礁在自然状态下，维持一个稳定的人类社群或者不依赖于外来资源或纯采掘业的经济活动的客观承载力"①，但当任何一个国际仲裁机构都仅仅被赋予对《公约》文字之"解释或适用"的争端进行裁判之际，本案仲裁员在《公约》文字之外另行借其裁决而加诸《公约》文字不存的标准及延伸性规定，这就俨然形成"法官造法"之恶例。

最后，倘根据本案仲裁员对于岛屿制度所新设的严苛标准来检视，吾人可轻易发现世界上任何资源匮乏，土地贫瘠甚至水资源匮乏的地区、国家或是小岛屿国家，都很难完全100％满足仲裁庭上述所谓的标准，而这些地区及国家难道都非"岛屿"而是"岩礁"？ 更甚者遑论日本的冲之鸟礁，该岛礁面积仅为 7.86 平方米；②另外美国的金曼礁（Kingman Reef），该礁在涨潮时仅有 0.012 平方公里面积；贝克岛（Baker Island）则是面积约 1.18 平方公里，上面既无淡水也无树木的珊瑚岩礁；以及贾维斯岛（Jarvis Island）面积约 4.5 平方公里的珊瑚岩礁，岛上无淡水也无经济活动；还有威克岛（Wake Island）面积约 6.5 平方公里的珊瑚岩礁，岛上人员大多以军方及政府人员为主，且食物全部仰赖进口，但对于上述海洋地物美国国家海洋和大气管理局（National Oceanic and Atmospheric Administration，NOAA）皆称该岛礁都各自拥有 200 海里专属经济区。③

---

① Permanent Court of Arbitration, Press Release, "The South China Sea Arbitration (The Republic of the Philippines V. The People's Republic of China)", The Hague, 12 July 2016, p. 2.

② Herbert Smith, "A rock or an island? The significance of Okinotorishima and its status under the international law of the sea," *Public International Law E-bulletin*, Hong Kong (4 July, 2012), http://www.herbertsmithfreehills.com/-/media/HS/HKTSIBEBASHL0407122110.pdf; Kuschk, "Okinotorishima: Rockall of the Pacific?" The Basement Geographer Website, http://basementgeographer.com/okinotorishima-rockall-of-the-pacific/.

③ 美国国家海洋和大气管理局专属经济区的主张范围，http://www.gc.noaa.gov/documents/2011/012711_gcil_maritime_eez_map.pdf.

很明确的，在法律上本案仲裁结果并不拘束美国、日本以及世界其他非争端国家，但是对于仲裁员自行扩张解释《公约》第121条第3款的岛屿标准，很明显在国际实践上，其他地区及国家都不会接受，甚至对未来国际法院、仲裁庭的法官及仲裁员们，倘若遇到类似岛屿制度的法律解释时，恐怕也很难苟同此一评断标准，甚至还必须说明为何不采用此一判例的法律理由。

由此看来，一个在实践上不被各国所接受的法律解释标准，以及很难被国际法院与仲裁庭持续引用的判例，该判决之谬误何来拘束我国？而本案岛屿制度评断标准的明确化非但没有解决《公约》第121条第3款"维持人类居住或其本身的经济生活"的法律解释问题，反而制造未来更多的争端。

"南海仲裁案"的可裁决性问题再考

——以宣告式判决的理论与实践为视角

叶 强[①]

|摘 要| 菲律宾在诉中国的"南海仲裁案"中,提出十五项诉讼请求。根据诉讼法的一般法理,这些诉求可被视为寻求典型的"宣告式判决"(declaratory judgment)。尽管在国内法的某些诉讼领域,宣告式判决制度十分完善,但国际法上的宣告判决发展相对迟缓,直至晚近才作为一种独立的救济方式引起学术界关注。其原因在于,国际司法制度从本质上讲是"争端解决"的手段和方式之一,争端解决程序的基本前提和潜在价值是给予此种救济的必要条件,构成案件可受理性的考量因素。梳理诸多国际司法案件可以发现,凡请求宣告式判决救济的案件,无论在国内法中还是国际法上,均存在着制约案件可受理性的共同法理,法官们往往出于对司法机关基本司法职能及其角色适当性的考量,对于发表宣告式判决采取慎重评估的态度。国际司法机构做出宣告式判决应满足两项前提条件,即"存在实际争议"和"存在需要保护的诉讼利益"。在"南海仲裁案"中,菲律宾以相当大胆的态度尝试寻求宣告式判决。本文对于仲裁庭是否遵循了既有法理,对本案可受理性问题予以适当考量,提出质疑。

|关键词| 南海仲裁案 宣告式判决 实际争议 诉讼利益 可裁决性

---

① 叶强,中国南海研究院和中国南海研究协同创新中心助理研究员。

一、引 论

2013年1月22日,菲律宾共和国(以下简称"菲律宾")时任政府根据《联合国海洋法公约》(以下简称《公约》)第287条和附件七,向中华人民共和国(以下简称"中国")发出仲裁通知和权利主张声明(Notification and Statement of Claim),单方面就中、菲两国之间有关南海争议提起强制仲裁程序。在权利主张声明中,菲律宾提出了初步的仲裁请求(Relief Sought)。

2015年11月30日,在实体问题及剩余管辖权与可受理性问题庭审期间,菲律宾向仲裁庭提交了最终仲裁请求(Final Submissions)。① 这

---

① The Philippines "Agent, Solicitor-General Hilbay read the Philippines" final submissions as follows:

A. The Tribunal has jurisdiction over the claims set out in Section B of these Submissions, which are fully admissible, to the extent not already determined to be within the Tribunal's jurisdiction and admissible in the Award on Jurisdiction and Admissibility of 29 October 2015.

B. (1) China's maritime entitlements in the South China Sea, like those of the Philippines, may not extend beyond those expressly permitted by the United Nations Convention on the Law of the Sea(UNCLOS or the Convention);

(2) China's claims to sovereign rights jurisdiction, and to "historic rights", with respect to the maritime areas of the South China Sea encompassed by the so-called "nine-dash line" are contrary to the Convention and without lawful effect to the extent that they exceed the geographic and substantive limits of China's maritime entitlements expressly permitted by UNCLOS;

(3) Scarborough Shoal generates no entitlement to an exclusive economic zone or continental shelf;

(4) Mischief Reef, Second Thomas Shoal and Subi Reef are low-tide elevations that do not generate entitlement to a territorial sea, exclusive economic zone or continental shelf, and are not features that are capable of appropriation by occupation or otherwise;

(5) Mischief Reef and Second Thomas Shoal are part of the exclusive economic zone and continental shelf of the Philippines;

(6) Gaven Reef and McKennan Reef (including Hughes Reef) are low-tide elevations that do not generate entitlement to a territorial sea, exclusive economic zone or continental shelf, but their low-water line may be used to determine the baseline from which the breadth of the territorial sea of Namyit and Sin Cowe, respectively, is measured;

(7) Johnson Reef, Cuarteron Reef and Fiery Cross Reef generate no entitlement to an exclusive economic zone or continental shelf;

(8) China has unlawfully interfered with the enjoyment and exercise of the sovereign rights of the Philippines with respect to the living and nonliving resources of its exclusive economic zone and continental shelf;

(9) China has unlawfully failed to prevent its nationals and vessels from exploiting the living resources in the exclusive economic zone of the Philippines;

(10) China has unlawfully prevented Philippine fishermen from pursuing their livelihoods by interfering with traditional fishing activities at Scarborough Shoal;

(11) China has violated its obligations under the Convention to protect and preserve the marine environment at Scarborough Shoal, Second Thomas Shoal, Cuarteron Reef, Fiery Cross Reef, Gaven Reef, Johnson Reef, Hughes Reef and Subi Reef;

(12) China's occupation of and construction activities on Mischief Reef (a) violate the provisions of the Convention concerning artificial islands, installations and structures; (b) violate China's duties to protect and preserve the marine environment under the Convention; and (c) constitute unlawful acts of attempted appropriationin violation of the Convention;

(13) China has breached its obligations under the Convention by operating its law enforcement vessels in a dangerous manner causing serious risk of collision to Philippine vessels navigating in the vicinity of Scarborough Shoal;

(14) Since the commencement of this arbitration in January 2013, China has unlawfully aggravated and extended the dispute by, among other things: (a) interfering with the Philippines' rights of navigation in the waters at, and adjacent to, Second Thomas Shoal; (b) preventing the rotation and resupply of Philippine personnel stationed at Second Thomas Shoal; (c) endangering the health and well-being of Philippine personnel stationed at Second Thomas Shoal; and (d) conducting dredging, artificial island-building and construction activities at Mischief Reef, Cuarteron Reef, Fiery Cross Reef, Gaven Reef, Johnson Reef, Hughes Reef and Subi Reef; and

(15) China shall respect the rights and freedoms of the Philippines under the Convention, shall comply with its duties under the Convention, including those relevant to the protection and preservation of the marine environment in the South China Sea, and shall exercise its rights and freedoms in the South China Sea with due regard to those of the Philippines under the Convention.

参见: Final Transcript Day 4-Merits Hearing, Nov. 11,2015 (English),常设仲裁法院网站: http://www.pcacases.com/web/sendAttach/1550.

些诉讼请求,均不构成对特定损害的补偿性主张,也未提出要求对裁决通过任何形式加以执行的内容,而仅仅是要求仲裁庭"宣告"中国在南海的有关行为违反《公约》下的义务,其所寻求的裁决构成了一份典型的"宣告式判决"。①

当事方提起诉讼的目的是多种多样的。有时,当事人希望司法机构发布一个命令,用于对损害的赔偿、对相关非法行为的禁令等;而被告方的抗辩则是努力说服司法机构不要发出这样的命令。双方当事人都希望胜诉,都希望在一般意义上"打赢"官司。也有时,原告方意图就特定"问题"寻求一个明确的、于己有利的法律上的宣告,以便作为其未来行为的指南,而非要求司法机构最终解决争端。从而,宣告式判决应运而生,以便司法机构具备这一职能。尤其是在一些国家的专利法诉讼或继承法中,常运用宣告式判决。

作为一种司法救济形式,宣告式判决并未受到国际法学界的广泛关注。其原因可能是多种多样的。一方面,在国际关系中,国际司法体系存在着先天缺陷,司法和仲裁机构的"碎片化"决定了国际司法判决和仲裁裁决难以被其他具有相似地位的国际机构所承认和执行,做出宣告式判决往往不具有十分重要的实践意义。另一方面,由于宣告式判决的主要作用通常不是就某个特定争端做出判决或裁决,而是给出一份法律意见,以便用来加强一方当事人在本案后续谈判中的地位,②因此,长期以来的

---

① 王江雨:《国际法、国际关系与国家利益视角下的南海仲裁案》,载《亚太安全与海洋研究》,2016 年第 2 期,第 8 页;E. A. Martin ed., *Dictionary of Law* (5th Edition), Oxford University Press (2003)。

② V. Lowe, The Interplay between Negotiation and Litigation in International Dispute Settlement, in *Law of the Sea, Environmental Law and Settlement of Disputes: Liber Amicorum Judge*, Thomas A. Mensah, T. M. Ndiaye and R. Wolfrum (ed.), Martinus Nijhoff Publishers (2007), p. 239.

主流观点是,宣告式判决在性质上不具有司法功能。从而,在实践中,需要在司法能动主义与司法克制主义之间进行司法政策的平衡。这种平衡构成了考量案件"可裁决性"问题的重要方面。

本文将首先重点考察国际争端解决机制中宣告式判决的法理,继而审视南海仲裁案的可裁决性问题,分析仲裁庭是否应当就菲律宾诉中国一案做出宣告式判决。

二、宣告式判决的起源和发展

通常情形下,一项判决或裁定主要包含两项内容:第一,确认当事双方的权利和义务;第二,做出一个可执行的裁决。这样的裁决可以由国家强制执行,向胜诉方提供权利救济。而宣告式判决只关心对权利的确认。因此,宣告式判决的优点在于可以为当事人确定权利范围,当事人可以依据此判决行事,而非迫使他们等待对方当事人出现侵权行为后再采取司法救济行动,从而避免造成损害或损失。也就是说,宣告式判决的作用在于:

> 双方当事人的主张互相对立,原告饱受由此产生的法律关系不确定的苦恼。在此情形下,原告可以从司法机构获得有关他权利的权威性裁决,避免危险和不安全情形的发生,而不是根据他自己的假设、猜测或者由于害怕不利后果而不作为,或采取冒险行动,造成损害或侵权行为的发生。[①]

---

① Millar, *Civil Procedure of the Trial Court in Historical Prospective*, pp. 380-381.(1952)

宣告式判决这一法律概念古已有之，其起源可以追溯到罗马法时期以前的誓金之诉（legis actio sacramento）和先决之诉（sponsio praejudicialis）。根据后来一些学者的研究，后古典时期的先决之诉经过中世纪，通过德意志和意大利两个罗马法分支，发展成为现代法上的宣告式判决。①

在从十二铜表法时期到查士丁尼法典时期的数千年里，宣告式判决在罗马法中的适用逐渐减少，最后仅实际上用于确定公民地位问题。在随后的一千多年里，法律关系安定性方面的需求不断增加，对于宣告式判决的需要也逐渐增加，欧洲大陆和整个罗马帝国都广泛使用了宣告式判决。② 四百年前，苏格兰法吸收了法国法，设立了确认之诉，但并没有制定明示的法院审理法规或规则。③ 在布鲁厄姆勋爵的支持下，英格兰也于1828年引入了宣告式判决，于1850年制定了有关宣告式判决的制定法。这是宣告式判决首次被引入普通法系。起初，英国大法官法院对制定法进行限制解释，并且仅限大法官法院适用；1852年，大法官法院对其进行了大幅度的扩张解释；最后，英格兰法院在1883年的判决中，引入了苏格兰的宣告式判决，无论是在其现代形式，还是在普通法与衡平法上，都大幅度进行了扩张解释。④

早在1920年，美国的州法院曾做出宣告式判决。但直到1933年，美国联邦最高法院才确认了宣告式判决的合宪性。⑤ 受密歇根州早期一个案件对于宣告式判决性质错误分析的影响，此前，美国司法系统对宣告

---

① E. M. Borchard, *Declaratory Judgments*, pp. 87-136. (2nd ed. 1941).

② E. M. Borchard, *Declaratory Judgments*, p. 90. (2nd ed. 1941).

③ E. M. Borchard, *Declaratory Judgments*, pp. 113, 125-128. (2nd ed. 1941).

④ E. M. Borchard, *Declaratory Judgments*, pp. 128-130. (2nd ed. 1941).

⑤ Nashville, Chattanooga & St. Louis Ry. v. Wallace, 288 U. S. 249, 53 Sup. Ct. 345 (1933).

式判决存在一些成见。① 这种成见反映在多个判例中，形成了一项司法准则。② 而在1933年的判决中，最高法院推翻了上述准则。最高法院认为，只要在有着"利益对立"的双方当事人之间，存在着一个"实际的争议"，且该争议能为司法机关所决定，这个"案件"或"争议"就属于法院管辖；即使当事人仅仅希望获得一个宣告式判决，最高法院也可以审查其中涉及的联邦法问题。在这之前，美国法院混淆了宣告式判决、咨询意见和未决案件；至此，这种混淆状态终于消除。最高法院的这个判决允许并最终促成美国国会在1934年通过《联邦宣告式判决法案》。该法案自1919年以来就在国会进行审议，而迟迟未获通过。1937年，美国联邦最高法院在一个案件中确认了该法案的合宪性。③

与此同时，德国、奥地利、匈牙利、捷克斯洛伐克、挪威、波兰、保加利亚、南斯拉夫、日本和中国等在20世纪三四十年代都通过制定法律，引入了宣告式判决。④ 一些欧洲国家和地区，如法国、意大利、西班牙、瑞士联邦的部分州、荷兰、瑞典、芬兰、丹麦、罗马尼亚的部分地区和希腊等，虽然没有通过正式立法许可法院做出宣告式判决，但也没有禁止法院的宣告式判决。拉丁美洲国家也是如此。⑤

宣告式判决的司法理念基础是实用主义法学，反映了根据"广为管辖

---

① Anway v. Grand Rapids Ry. Co., 211 Mich. 592, 179 N. W. 350 (1920).
② Liberty Warehouse Co. v. Grannis, 273 U. S. 70, 47 Sup. Ct. 282 (1927); Liberty Warehouse Co. v. Burley Tobacco Growers' Co-op. Marketing Assn., 276 U. S. 71, 89, 48 Sup. Ct. 291 (1928); Willing v. Chicago Auditorium Assn., 277 U. S. 274, 48 Sup. Ct. 507 (1928); Arizona v. California, 283 U. S. 423, 464, 51 Sup. Ct. 522 (1931).
③ Aetna Life Ins. Co. v. Haworth, 300 U. S. 227, 57 Sup. Ct. 461 (1937).
④ E. M. Borchard, *Declaratory Judgments*, pp. 101-110. (2nd ed. 1941).
⑤ E. M. Borchard, *Declaratory Judgments*, pp. 110-124. (2nd ed. 1941).

即正义"这句法律谚语行事的倾向。有观点认为,现实稳定的法律关系受到破坏是司法裁决的前提条件,而在这一条件满足前,不得进行司法救济。不过,在实践中,宣告式判决的出现使人们抛弃了这一司法传统。据英国大法官法院报告统计,在大约三分之二的案件中,原告希望获得宣告式判决,希望由法院就双方尚有争议的法律权利做出确定性的判决。这样的判决将有助于厘清处于不确定之中的法律关系,约束当事人依其本身的理解对其权利进行解释的行为,而该行为可能已经对社会和法律关系造成了不可弥补的损害。①

三、国际诉讼中宣告式判决的引入

常设国际法院(Permanent Court of International Justice)认为,虽然《法院规约》中并无明确规定,但它仍然有权做出宣告式判决,对条约进行抽象解释。因此,法院在"波兰上西里西亚的某些德国利益案"(*Certain German Interests in Polish Upper Silesia*)中,驳回了波兰的主张。波兰认为:由于德国的诉讼请求涉及波兰法律的一般效果,而这不同于具体案件中德国法律的具体适用,因而法院不能做出此类宣告式判决。而法院认为,"没有理由阻止国家请求常设国际法院就条约进行抽象解释;相反,似乎这正是法院最重要的职能之一。事实上,法院在第三号判决中已经这样做了"②。法院还援引了《国际联盟盟约》第十四条的规定,即"凡各方提出属于国际性质之争议,该法院有权审理并判决之"。法院认为,它在这个问题上的立场得到《法院规约》第三十六条第二款第(a)项规定的支持,即根据该条款的规定,解释条约是法院进

---

① E. M. Borchard, *Declaratory Judgments*, viii-ix (1st ed. 1934).
② Series A, No. 7 (1926), pp. 18, 19.

行强制管辖的合理目的之一。此外,法院还根据《国际联盟盟约》第六十三条的用语,推导出它有权做出宣告式判决,原因就在于:根据该条,即使缔约国不是争议案件的当事人,但在案件涉及对《国际联盟盟约》的解释时,由于该案判决对《盟约》的解释会约束每一个缔约国,因而任何缔约国仍然有权加入正在法院进行的诉讼。常设国际法院在"霍茹夫工厂案"的判决中再次重申,"如果案件要求对法律关系的状态进行识别,并对缔约方均形成约束力",它就有权做出宣告式判决。① 法院的这一解释,明显违反了《法院规约》第59条的规定。根据该条,法院的判决只对特定案件中的双方当事人产生效力,除此以外别无效力。而法院认为,该条的目的仅仅在于,防止法院在特定案件中做出对其他国家或其他争议有约束力的判决。②

此后,宣告判决之诉就在国际法领域得到较为广泛的应用:在确认某行为违反国际法、澄清国际法的原则或规则、处理边界争端等场合,宣告式判决都得到适用。长期以来,正如国内法在与专利有关的事项上对宣告式判决的特定适用,国际法院和国际仲裁庭也在处理某些特定法律关系的案件中做出了数量众多的宣告式判决,其中就包括海洋划界问题。

从理论上讲,原告国可以就任何法律争议、任何问题,甚至任何事实,请求法院做出宣告式判决。不过,有学者认为,国际法院在这个问题上表现出来的做法非常类似于它所行使的咨询意见职能。因此,法院和法庭应谨慎对待做出宣告式判决的权限。就国际法院而言,只要法院

---

① Series A, No. 13 (1927): Interpretation of Judgments Nos. 7 and 8 (the case of the Factory at Chorzow), p. 20. 也见: Judge Hudson's observation in the case of Diversion of Waters from the Meuse: Series A/B, No. 70 (1937), p. 79.

② Sir Hersch Lauterpacht, *The Development of International Law by the International Court*, Cambridge University Press, 1996. pp. 205-206.

所做出的宣告涉及对一般法律问题的界定,对该问题的回答实际上等同于向缔约国提供咨询意见。① 而《国际法院规约》并没有赋予主权国家请求国际法院提供咨询意见的权利;同时,法院的咨询意见本身也不具有法律约束力。在这种情况下,请求法院做出宣告式判决既违背了国家不得寻求咨询意见的规则,又违背了咨询意见不具有法律约束力的规则。②

在国内法上,一般来说,很少有法院不就实际存在的争议,而仅就法律事实做出宣告式判决。此外,法官还需要检视案件的成熟性(ripeness of the case),即诉讼利益实际存在,并且需要法院加以保护。不过,在国际法上,法院或仲裁庭是否在做出宣告式判决的程序中坚持与国内司法普遍法理的一致性,仍需要对国际性法院和仲裁庭在做出宣告式判决中的共同法理,尤其是它们所做宣告式判决中与程序性问题有关的可裁决性问题进行研究。

四、实际争议

(一)国际法院的实践与法理

在防止一方当事人利用宣告式判决来达到获取咨询意见的目的的前提下,常设国际法院倾向于对其管辖权进行扩张解释。法院认为,虽然《法院规约》第 59 条规定,其判决仅对争端双方当事人有效,但并不阻

---

① Sir Hersch Lauterpacht, *The Development of International Law by the International Court*, Cambridge University Press, 1996. pp. 250 - 252.

② 参见:The case concerning the Interpretation of the Greco-Bulgarian Agreement, Series A/B, No. 45 (1932), p. 87. 也见:The case concerning Certain German Interests in Polish Upper Silesia, Series A, No. 6 (1925), p. 21.

止它做出这样的宣告式判决。① 但是，从法院的诸多判决仍可以清楚地看出，它倾向于拒绝回答抽象问题。也就是说，任何宣告式判决指向的争议都必须与案件所涉条约条款的解释有关，且该条款的解释已经或者可能会导致不法行为。

在"米梅尔案"中，法院注意到双方当事人在仲裁协定中约定了对抽象问题进行裁决这一事实。② 法院认为，"通过恰当的方式，将分歧提交给本院，通过诉讼请求的方式，直接指向这些特定行为的合法性问题，由法院在判决中阐明判决所依据的原则"。③ 然而，法院在阻止当事人提请裁决抽象性质的问题以后，还是维护了仲裁协议的有效性，其判决基础不是仲裁协议所涉问题的抽象形式，而是双方当事人在诉讼过程中达成的协议。法院没有采纳安齐洛蒂法官的看法。安齐洛蒂法官在反对意见中认为，法院应当拒绝行使管辖权，理由是法院在本案中对于《规约》的适用并没有体现出"诉讼请求意在寻求法律救济的本质特征"。④ 他说，"在司法权限方面，法院不能回答这些问题，它必须就诉讼请求发表意见"。⑤ 安齐洛蒂法官的依据在于，一份仲裁协议，如共同适用于双方当事人，应通过提交存在于双方之间的具体争端的形式适当地表现出来。⑥

博查德区分了在两类诉讼中可以请求的宣告式判决。⑦ 第一种情形

---

① 见：The case concerning Certain German Interests in Polish Upper Silesia, Series A, No. 7 (1926), p. 18. 也见：Judgment concerning the Interpretation of Judgments Nos. 7 and 8 (The Chorzow Factory), Series A, No. 13 (1927), pp. 20, 21.

② Series A/B, No. 49 (1932), p. 311.

③ Series A/B, No. 49 (1932), p. 312.

④ Series A/B, No. 49 (1932), p. 349.

⑤ Series A/B, No. 49 (1932), p. 350.

⑥ See on this question the illuminating observations by Beckett in Hague Recueil, 50 (1934) (iv), pp. 285 *et seq*.

⑦ E. M. Borchard, Declaratory Judgments (1941), p. 26.

是,原告通过获得一个宣告式判决,以据此行事,或者可以据此免于承担被告人所诉称的责任,抑或要求在违约发生之前就争议条款进行解释。在这种情形下,法院不会就可能造成的损害做出判决。第二种情形是,原告通过先获得一份宣告式判决,在被告违反义务时再诉诸损害赔偿之诉。当然,根据国内法,做出第一种类型的宣告式判决会面临多种限制,包括必须避免对纯粹的假设问题进行判决。① 在国际法上,当事人之间就所提诉求存在实质争议是做出宣告式判决的必要条件。

作为违反国际法救济手段的宣告式判决,其有效性和重要性一直受到国际法院严格的限制。国际法院多次拒绝做出宣告式判决,其理由就是:如果这样做,将不能正确行使其司法功能。北喀麦隆案就是一个典型例子。② 在该案中,喀麦隆请求国际法院做出一个宣告式判决,宣布英国在适用《托管协议》时,未能根据协议规定的对北喀麦隆的权利和职责,遵守某些义务。然而,原告国并没有就此请求任何金钱赔偿。国际法院认为,本案中有一个争议存在,因而它有权管辖,有权决定北喀麦隆向其诉请裁决的问题;尽管如此,国际法院还是应当审查它在本案中做出宣告式判决的适当性。有观点为,在行使司法功能时,需要受到内在的诸多限制。由于《托管协议》没有到期,原告国没有质疑联合国大会关于宣布英国行为合法之决议的有效性,没有就其所诉不法行为提出赔偿请求,因此,国际法院认为,它不能做出一份能够有效适用的判决。国际法院表示:

---

① 见: E. M. Borchard, *Declaratory Judgments* (1941); P. W. Young, *Declaratory Orders* (1975); I. Zamir, *The Declaratory Judgment* (1962).

② ICJ Reports, 1963, p. 15.

不容置疑的是,国际法院可以在适当的情形下做出宣告式判决。然而,国际法院已经表明,即使是在它有管辖权的情况下,法院仍然没有义务在任何情形下都行使这种管辖权。如果国际法院认为,不管诉请的救济性质如何,就实体问题进行法律适用都将不符合国际法院的司法功能,那么,它应当拒绝这样做。①

此外,国际法院还认为,如果宣告式判决阐述了习惯法的规则或解释了一个仍然有效的条约,那么,这一判决就具有持续的可适用性。 不过,本案中的争议涉及条约——《托管协议》的解释与适用,该《托管协议》已经终止,不再具有法律效力,国际法院不可能就此做出任何判决,因而也不可能根据这样的判决,在未来发生任何需要对该条约进行解释与适用的行为。

核试验案也表明,国际法院在行使宣告式判决的权力时,态度谨慎。② 在该案中,澳大利亚请求法院做出宣告式判决,认定"在南太平洋大气层进行的更多核试验违背国际法"。 这一诉讼请求明显指向未来行为的合法性。 与澳大利亚诉讼请求的不同之处在于,新西兰诉请国际法院宣布,"法国政府在南太平洋地区进行核试验的行为产生了放射性坠落物质,侵犯了新西兰在国际法上的权利,且未来进行的任何此等试验都将会侵犯这些权利"。 新西兰的诉讼请求可以解释为指向过去的行为。 在核试验案中,原告国都没有就违反国际法所造成的损失请求损害赔偿。 之所以如此,不仅是因为该案中的损害证明非常困难,涉及复杂的技术问题和因果关系,而且还因为对于澳大利亚和新西兰来说,更重要的是要获

---

① ICJ Reports, 1963, p. 37.
② ICJ Reports, 1974, pp. 253, 457.

得一种保证，一种对于未来行为的保证，其重要性超过对于过去行为的赔偿。国际法院认为，它有权力解释当事人提出的诉讼请求，以便确认诉讼请求所指向的标的。人们对于这一权力并无争议。国际法院判决指出，虽然澳大利亚和新西兰的诉讼请求不同，但它们诉请的是同一事实：

> 很显然，本争议的本源是法国在南太平洋地区大气层进行的核试验，而申请人的初始目的和最终目的都是，并且仍然是获得一份判决，以终止这些核试验。①

在本案中，国际法院认为：

> 虽然澳大利亚想从国际法院获得一份判决，且认为该判决基于国际法院对于法律问题的认定，但该判决将仅仅是达到目的的一种手段，而非目的本身。国际法院当然知道宣告式判决的作用，但本案并非属于请求做出这种宣告式判决的情形。②

法国已经单方面保证，未来将不会再在南太平洋大气层进行核试验。国际法院认为，这些保证具有约束力："因此，国际法院面临的情形是，申请人的目的在事实上已经实现。国际法院认为，法国已经承担了不在南太平洋大气层再次进行核试验的义务。"据此，国际法院得出结论认为，"争议已经消失，澳大利亚诉讼请求的标的已经不复存在。因此，

---

① ICJ Reports, 1974, pp. 263, 467.
② ICJ Reports, 1974, p. 467.

就未来行为做出裁决的理由并不存在"①。

（二）菲律宾的仲裁请求并不指向中菲双方之间存在的实际争议

国际法院和国际仲裁庭做出宣告式判决的前提条件之一就是，诉请的司法救济指向对于国际义务的违反，而该违反的发生则是当事国之间存在着的实际争议。

菲律宾请求仲裁庭做出宣告，"中国在南海地区的海洋权利，与菲律宾一样，都不得超越《联合国海洋法公约》明文许可的范围"。这个仲裁请求基本上是在重申《公约》的原则。

菲律宾的第二类仲裁请求指向部分海洋地物：中国据此对南海声索主权和主权权利，但这些地物并非岛屿，不能产生专属经济区或大陆架；相反，这些地物是《公约》第121条第三款意义上的"岩礁"，或低潮高地，或水下地物，不能产生与岛屿等同的海洋权利。菲律宾所援引的规则如下：

> 南海的水下地物在高潮时并不高于水面，也不位于沿海国家的领海之内。它们是海床的一部分。除非它们是《公约》第六部分所规定之国家大陆架的一部分，否则它们不能为任何国家所占据，或者在主权上归属任何国家。

此外，菲律宾还认为，另外四个岩礁，黄岩岛、赤瓜礁、华阳礁和永暑礁都为中国所占领，中国据此声索了这些岩礁周围的海洋权利。

根据菲律宾的观点，中国的声索是在挑战《公约》第121条下的规则，不过，若按照菲律宾和仲裁庭的逻辑，当事方之间对海洋权利范围的

---

① ICJ Reports，1974，p. 467.

争议不同于海洋划界争议的话,那么,这种对争议的不同侧面采取严格切割与划分的做法的必然结果就是:海洋权利范围本身与影响海洋权利范围的诸多"事实"之间,仍可切割为各自独立的争议。因此,菲方第二类诉求所指向的南海诸地物的法律地位问题,并非《公约》第121条下的权利义务问题,而是对第121条所规定的当事方权利义务可能造成影响的"法律事实"。两国对海洋地物法律地位这一法律事实本身从未形成观点上的"分歧和对立",不仅没有形成实际争议,甚至从未形成争议。因此,这类仲裁请求不具有可裁决性。

五、存在着需要保护的诉讼利益

(一)国际法院的实践与法理

一直以来,国际法院在考察是否存在着需要保护的诉讼利益时,采取的都是限制性做法。国际仲裁庭并不使用宣告式判决,并不将宣告式判决作为对于违反国际法行为的救济措施;即使做出宣告式判决,也是极为例外的情形。这些例外的宣告式判决仅仅包含象征性赔偿。这种象征性赔偿可以用宣告式判决来确定,准许以宣告式判决的形式进行赔偿;没有当事人要求仲裁庭,仅仅宣布存在着违反国际法的行为。常设国际法院的实践也基本上如此:它做出的宣告式判决大多是为了解释条约或者解决领土主权方面的问题。[①]

在国际法院的实践中,宣告式判决具有新的重要意义。在它做出的宣告式判决中,最为常见的是用来解决与合同及条约之解释有关的争议,用来解决边界争议,用来进行赔偿。由于上文没有就国际法院在这两种

---

① Christine D. Gray, *Judicial Remedies in International Law*, Oxford: Clarendon Press (1987), pp. 96-97.

类型案件中的推理进行分析，这里有必要详细阐述国际法院在解决与条约之解释有关争议、解决边界争议方面的推理。

在边界划界案件中，国际法院可以通过灵活方式，做出宣告式判决。根据利比亚和突尼斯之间的协议，两国将它们之间在大陆架划界上的争议提交给国际法院。不过，该协议旨在从国际法院获得一个判决。与北海大陆架案相比，该判决在立即适用、可操作性方面都更加突出。① 根据协议第一条，利比亚和突尼斯请求国际法院宣告适用于它们之间的与大陆架划界有关的国际法原则和规则。它们还进一步请求国际法院，指示具体划界方法，以便在特定情形下适用前述原则和规则，使得两国专家能够据此划定边界，而不至于遇到任何困难。②

另外，国际法院在纯粹解释条约方面的权限受到严格限制。在"阿亚德拉托雷案"中，国际法院对其权限进行了限制，认为它的权限仅限于决定较早提交给它的案件中的问题；因此，它并不适合于就哥伦比亚应当如何终止它已经批准的庇护问题进行表态。国际法院在判决书中写道：

> 根据当事人之间依据《哈瓦那公约》建立起来的法律关系，在涉及该《公约》的事情上，国际法院已经完成了它的任务。对于各种可能用到、以便终止庇护的方法，国际法院不能给出任何可行意见，其原因就在于：如果国际法院给出意见，将会背离国际法院的司法功能。③

---

① ICJ Reports, 1969, p. 3.
② ICJ Reports, 1982, p. 4.
③ ICJ Reports, 1951, p. 83.

在"德国诉冰岛案"中,国际法院还限制它做出宣告式判决的权利。① 德国的第四项诉讼请求就是请求国际法院通过判决宣布:

> 冰岛沿海巡逻船违反国际法,威胁或使用武力,干涉了德国籍捕鱼船舶及其捕鱼作业。因此,冰岛有义务赔偿德国因此所遭受的损失。

对于冰岛已经实施或者可能已经实施的不法行为,德国保留就其提出损害赔偿的全部权利。而对于已经遭受的损失,德国却并没有要求一个确定的赔偿总额。不过,德国请求国际法院裁决和宣布,冰岛在原则上要对德国渔船所受损失负责,冰岛有义务对德国及其国民因此所受到的一切损失进行充分赔偿。

在本案中,国际法院再次运用它的权力,解释了德国的诉讼请求。国际法院认为,对于德国请求的宣告式判决,它并无权力做出德国诉请的宣告式判决;德国的诉讼请求并没有对冰岛特定行为所造成的损害赔偿进行评估,而是要求宣布一个原则,宣布冰岛有义务赔偿德国因冰岛非法干涉行为而受的损失。国际法院认定,虽然可以合理要求法院做出一个一般性的宣告式判决,来确立应当给予赔偿的原则,但这样的判决有一个前提,即原告向国际法院提交证据,以便法院在同一诉讼程序的后续阶段中,确定可以评估的损害总额。然而,在本案中,原告并未这样做。因此,国际法院指出:

> 如果国际法院根据《规约》第五十三条并且在原告已经表明它

---

① ICJ Reports, 1974, p. 175.

将不向被告提出特定数额的赔偿请求之后,还主动要求当事人提供有关损害赔偿的特定信息和证据,就是不恰当的。在原告看来,这些信息将对应相应的事件和赔偿内容。在这种情形下,如果一些事情仅有有限信息和微弱证据支持,国际法院在做出判决时,就不能将与责任有关的所有因素包括在内。①

在本案中,原告请求国际法院做出宣告式判决,以便将其作为损害赔偿请求的替代性判决或合理的初步判决,但再次遭到国际法院的拒绝。

(二) 菲律宾的仲裁请求没有涉及需要保护的诉求

中国认为,菲律宾所提第一类和第三类仲裁请求,即海洋权利声索范围以及海上执法活动的合法性等,都是国际司法机构或国际仲裁机构在过去的海洋划界案件中处理的重要问题,都是国家有关海洋划界实践方面的重要问题。简言之,这些问题是海洋划界的一部分。② 从表面上看,菲律宾并没有期望仲裁庭就海洋划界做出裁决,而是请求仲裁庭裁决中国对南海进行声索的权利来源问题,以及中国已经非法干涉菲律宾对其专属经济区和大陆架之主权的享有和行使问题。然而,很明显的是,菲律宾的这一仲裁请求旨在寻求仲裁庭确认,相关的海洋区域是菲律宾专属经济区和大陆架的一部分,菲律宾有权在此区域内行使主权权利和管辖权。③

---

① ICJ Reports, 1974, p. 205.

② Position Paper of the Government of the People's Republic of China on the Matter of Jurisdiction in the South China Sea Arbitration Initiated by the Republic of the Philippines, para. 66. See http://www.fmprc.gov.cn/mfa_eng/zxxx_662805/t1217147.shtml.

③ Position Paper of the Government of the People's Republic of China on the Matter of Jurisdiction in the South China Sea Arbitration Initiated by the Republic of the Philippines, para. 69.

不过，对于这些观点，菲律宾也有不同立场，原因就在于，正如本文一开始就说明的那样，本案的重要性就在于它是要就特定问题所应适用的法律做出一个清楚而有利于菲律宾的声明。换句话说，只要菲律宾所提仲裁请求的特定标的并不明显属于海洋划界事项的范围，仲裁庭就可以对这些仲裁请求行使管辖权，就可以做出一个宣告式判决，用来指导菲中双方未来的海洋边界谈判。

然而，即使菲律宾所提仲裁请求的标的并不完全属于海洋划界事项的范围，这些仲裁请求也没有包含任何诉讼利益，其原因就在于：保护菲律宾在国际法上利益的唯一办法就是提交一个有关海洋划界仲裁请求。这显然是菲律宾玩弄法律技巧给自己设下的两难困局。

在"渔业管辖权案"（英国诉爱尔兰，实体问题）中，国际法院指出：

> 原告质疑冰岛政府于1972年颁布的条例，本院不得不就这一质疑表明立场，设定准据法为本案所必需。正如本院在渔业案中指出的那样：海洋划界历来都具有国际因素。划定海洋边界时，不能仅仅依据沿海国在其国内法上表明的立场。虽然划界必然是一种单边行为，沿海国也有能力进行边界划界，但与他国进行划界的有效性取决于国际法上的规定（国际法院报告，1951年，第132页）。[①]

因此，英国在本案中要求国际法院裁决并宣布：

[①] ICJ Reports 1974, p. 3, para. 49.

(一)冰岛所提诉讼请求并无国际法上的依据,冰岛无权通过建立专属渔业管辖区域,将其扩展到领海基线50海里之外的方式,来拓展其渔业管辖权。因此,冰岛的诉讼请求是无效的。

(二)关于冰岛周围海域内鱼类种群的保护问题,虽然冰岛有着将其专属渔业管辖区域拓展到基线50海里之外的单边扩权行为,但该单边行为并不发生国际法上的影响。该保护问题属于事实,受到冰岛与英国之间协议的规制。这些协议,是否与其他利害关系国家一起达成,或者是否采用了符合1959年1月24日订立之《东北大西洋渔业公约》的规定,或者是否采取了符合1958年4月26日所订《关于特殊情况有关沿海渔业的决议》规定的形式,或者采取了冰岛与英国之间协议所规定的其他形式,并在效果上延续了冰岛与英国在争议水域中渔业方面的权利与利益,均在所不问。[①]

在这种情况下,对于该问题的审查就完全属于海洋划界问题。换句话说,只有双方都同意就争议海洋区域进行划界,由未定海洋边界所产生的一系列法律问题才能由国际法院审理并由其做出宣告式判决。只有在这种情形下,当事人才有诉讼利益存在。对原告来说,诉讼利益才需要法院的保护。鉴于中国一再拒绝在任何情形下将海洋划界事项诉诸国际司法手段,而菲律宾却在这方面请求仲裁庭做出宣告式裁决,因此仲裁庭无权做出这一裁决。

---

① ICJ Reports 1974, p. 3, para. 11.

六、结 论

国际法院在"北喀麦隆案"、"核试验案"和"冰岛渔业案"中的自我设限做法表明了,宣告式判决应当在什么时间做出,应当以什么样的方式做出。国际法院不应当只就责任问题或事实问题单独表示意见,或者在原则上表示存在着赔偿义务。在"德国诉冰岛案"中,国际法院的自我限制性做法在后来的"伊朗人质案"中再次凸显出来。在该案中,美国请求国际法院宣布,伊朗有义务对美国进行赔偿,但赔偿金额将在未来确定,以避免德国在冰岛渔业案中诉讼请求未获法院支持的局面再次出现。美国之所以提出这样的诉讼请求,可能是因为美国采取了预防措施,明确请求国际法院在诉讼后续阶段中确定赔偿总额。总之,国际法院和国际仲裁庭的职能就是裁判法律争端,而不是就救济问题写一篇学术论文。①

因此,从国际法院和国际仲裁庭在宣告式判决方面的长期实践来看,审理菲律宾诉中国一案的仲裁庭有必要、有义务对其做出宣告式判决的权力进行自我限制。显而易见的是,菲律宾所提仲裁请求不具有可裁决性,仲裁庭也未履行其义务。

---

① Christine D. Gray, *Judicial Remedies in International Law*, Clarendon Press Oxford (1987), p. 107.

南海历史及其他研究

与黄岩岛相关的几个外国历史地名考论

王 胜[①]

|摘 要| 2012年中菲黄岩岛争端以来,菲律宾始终以一幅1734年菲律宾地图为据,大肆渲染图中出现的 Panacot 就是黄岩岛。根据西方图志文献,文章对与黄岩岛有关的几个外国历史地名进行了详细考证,发现:(1) 18 世纪吕宋岛以西海域的 Panacot 又被称作 Masingola 或 South Maroona,其与黄岩岛是纬度相似、经度不同的两个地理存在。(2) 从岛礁命名习惯和语音学角度看,Masingola 系 Masingloc 的同名异写,而 Panacot、Masingola/Masingloc、Maroona 分别是他加禄人、西班牙人、英国人的同礁异称。(3) 由于西班牙人和英国人 18 世纪末在吕宋岛以西海域进行水文测量时未发现 Panacot(Masingola),西班牙人和英国人遂于 19 世纪初分别将 Bajo de Masingloc 和 South Maroona 转移至黄岩岛。(4) 以 Masingloc(Masingola)为媒介,将 19 世纪地图中的 Scarborough Shoal 等同于 18 世纪的 Panacot,是 2012 年以来菲律宾将 1734 年西班牙穆里略所制地图中的 Panacot 误作为当今黄岩岛的内在逻辑。实际上,18 和 19 世纪图志中的 Masingola/Masingloc 是两个截然不同的地理存在。(5) 17 世纪地图中出现的与 P. de Mandato 相对的海中未命名暗礁乃是 18 世纪地图

---

① 王胜,中国南海研究协同创新中心助理研究员,研究方向:海洋史、菲律宾疆域史、南海问题。

中的 Galit/Bolinao/North Maroona,而非 Panacot,更不是黄岩岛。由此,菲律宾提出将黄岩岛属己历史追溯至 1734 年,甚至更早的 1636 年的观点不能成立。

|关键词| 黄岩岛　Scarborough Shoal　Panacot　Bajo de Masinloc　Maroona　P. de Mandato

一、引　言

自 2012 年 4 月中菲黄岩岛船只对峙事件以来,根据部分西班牙占领时代欧洲人所制菲律宾地图,菲律宾官方及媒体连篇累牍地宣传报道黄岩岛早已"归属"菲律宾的"悠久"历史。对峙事件发生不久后的 4 月 18 日,菲律宾外交部即发布《菲律宾关于巴约的马辛洛克（斯卡伯格礁）及其附近水域的立场》文件。文中称:"1734 年出版的由穆里略制作的《菲律宾群岛水道与地理图》（Carta Hydrographica Y Chorographica De Las Yslas Filipinas）将巴约的马辛洛克（Bajo de Masingloc）作为三描礼士（Zambales）的一部分。巴约的马辛洛克一名是由西班牙殖民者所定。另一幅由马拉斯皮纳探险队绘于 1792 年、出版于 1808 年马德里的地图,也显示巴约的马辛洛克是菲律宾领土的一部分。"[①]文件中所述作为三描礼士省一部分的巴约的马辛洛克,实际上在 1734 年地图中被称作

---

① Department of Foreign Affairs, *Philippine position on Bajo de Masinloc (Scarborough Shoal) and the waters within its vicinity*, 网址为: http://www.gov.ph/2012/04/18/philippine-position-on-bajo-de-masinloc-and-the-waters-within-its-vicinity/; 另参见: *PH sovereignty based on UNCLOS, principles of international law*, 网址为: http://globalnation.inquirer.net/34031/ph-sovereignty-based-on-unclos-principles-of-international-law, 2014 年 5 月 20 日。

Panacot。将其称作巴约的马辛洛克乃是菲律宾政府一种改头换面的做法，目的无非是以此证明其对黄岩岛拥有主权已有相当历史。

与官方遥相呼应，菲主流媒体也不断为此造势。6月27日，一则新闻报道写道，"几幅老地图支持菲律宾的权利主张——斯卡伯勒礁（或帕纳塔格礁，Panatag）①是属于菲律宾的领土而非中国的，因为这些地图显示争议区域远自1734年已处于西班牙殖民主权下。由西班牙制图员穆里略（Pedro Murillo Velarde）所绘《菲律宾水道图》（Carta Hydrografica de las Islas Filipinas），在三描礼士省以西绘有一个暗礁帕纳克特（Panacot）或巴约的马辛洛克"。就此，马尼拉雅典耀的一位学者和地图搜集者加西亚（Leovino Garcia）告诉菲主流媒体之一的 *Rappler* 说，穆里略地图"一定程度上支持菲律宾对斯卡伯格礁的权利主张"。②

2014年9月以来，菲律宾又别出心裁由大法官卡皮奥（Antonio T. Carpio）出面，通过一系列地图展与讲演，不仅试图证明1734年穆里略地图中的Panacot即黄岩岛，而且有意将17世纪部分西方制菲律宾地图中标绘的、一个与吕宋岛沿岸地"P. de Mandato"相对的海中未命名地理存在论证为Panacot，进而将其等同于黄岩岛，从而将黄岩岛"属己"的历史追溯至更早的1636年。

近期，李孝聪先生根据2014年菲律宾地图展已专门撰文对黄岩岛与

---

① 2012年，中菲黄岩岛对峙事件发生后，菲律宾政府以一幅1734年西班牙制菲律宾地图在吕宋岛西部海域中绘有一处Panacot暗礁为由，将巴约的马辛洛克礁（斯卡伯格礁，即黄岩岛）命名为帕纳塔格（Panatag）。参阅，《菲律宾正式将黄岩岛命名为帕纳塔格礁》，http://gb.cri.cn/27824/2012/05/06/2625s3670418.htm，2014年6月29日。

② Carlos Santamaria, *Ancient maps support PH claim over Scarborough*，网址为：http://www.rappler.com/nation/7655-ancient-maps-support-ph-claim-over-scarborough，2014年5月15日。

Panacot、Masingloc 的关系进行了考证，指出黄岩岛与 Panacot 根本毫无关系，以及 18 世纪末西班牙人将吕宋岛西岸港口 Masingloc 名字移植到黄岩岛的事实。① 本文拟在李先生一文的基础上，通过进一步搜集西文地图与航海日志，对 18 至 19 世纪图志中出现的 Panacot、Masingola、South Maroona、Bajo de Masingloc 与黄岩岛的关系再次进行详细考证，以期说明菲律宾将 Panacot 等几个地名等同于黄岩岛观点的谬误。

二、18 世纪菲律宾地图中 Panacot＝Masingola＝South Maroona

1734 年，西班牙耶稣会士穆里略编制的《菲律宾群岛水道与地理图》（Carta Hydrographica Y Chorographica De Las Yslas Filipinas）在吕宋岛以西海域首次绘制了一个被称作"Panacot"的暗礁②（见图 1）。据《英－他词汇袖珍词典》，"Panacot"一词是他加禄语（Tagalog）"Pananakot"一词的简略式，意为"威胁"（Threat）。③

1752 年，法国人尼古拉斯（Jacques Nicolas Bellin）制作了一幅《菲律宾缩略图》（Carte reduite des Isles Philippines）。作者在编制该图时即参阅了穆里略地图，尽管其声称不是对穆里略地图的"纯粹复制"。④ 在该图中，尼古拉斯将"Panacot"同时称作为"Basse de Marsingola"

---

① 李孝聪：《从古地图看黄岩岛的归属——对菲律宾 2014 年地图展的反驳》，载《南京大学学报（哲学·人文科学·社会科学）》，2015 年第 4 期，第 76－87 页。
② 关于 1734 年穆里略所制菲律宾地图的详细研究，请参见拙文：《1734 年菲律宾群岛地图研究》，载《元史及边疆与民族研究集刊》第二十九辑，上海：上海古籍出版社，2015 年，第 163－178 页。
③ M. Jacobo Enriquez & M. O. Guzman, *Pocket Dictionary an English-Tagalog Vocabulary*, Manila: Philippine Book Company, 1949, p. 112.
④ Carlos Quirino & Leovino Ma. García, ed., *Philippine Cartography* 1320—1899, third edition, Quezon City: Vibal Foundation, 2010, pp. 70－71.

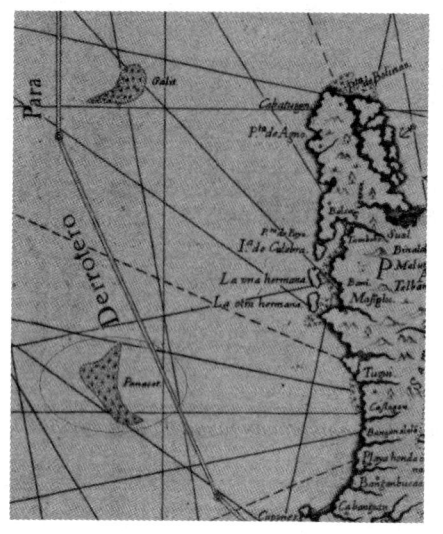
图1 《菲律宾群岛水道与地理图》(局部)

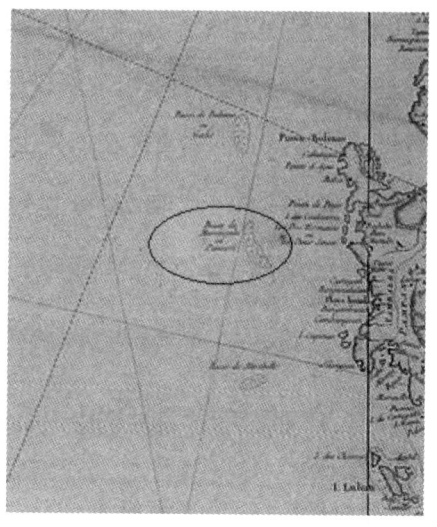
图2 《菲律宾缩略图》(局部)

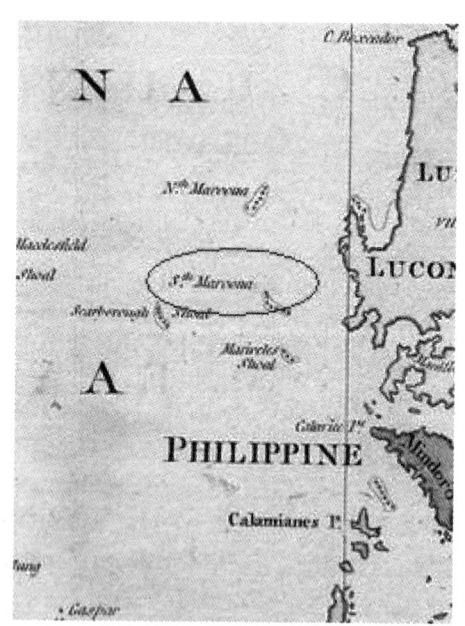
图3 《帛琉群岛及其邻近海域图》(1788年,局部)

(见图2)。1782年一幅由德语世界编绘的《菲律宾群岛地图》(Carte der Philippinschen Inseln)也将Panacot标注为"Reef Panacot der Masingloc"。此后,间有地图将Panacot要么单独注记为

"Marsingola",要么同时标记两种名称(参见表1)。

1788年,一幅由亨瑞·威尔逊(Henry Wilson)和乔治·凯特(George Keate)共同编绘,于伦敦和巴黎同时发行的《帛琉群岛及其邻近海域图》(Chart of the Pelew Islands and Adjacent Seas),在吕宋岛西部海域首次标出了一个称作"South Maroona"的暗礁(见图3)。事实上,西方人早在1748年"斯卡伯格"号运茶船于吕宋海域触礁沉没之前,已知晓在这片海域存在一个叫作"Maroona"的地方。因为当时"斯卡伯格"号船长道维尼(D'Auvergne)即认为船只触礁之地即South Maroona。①

---

① 参见:Gabriel Wright & William Herbert, *A New Nautical Directory for the East-India and China Navigation*, London: Printed by S. Couchman, seventh edition, 1804, p. 480. "Maroona"的名称来源,目前存在不同说法。19世纪初英国人胡达特(Joseph Huddart)在其所著《东方航海家或东印度、中国和新荷兰的新指南》(*The Oriental Navigator; or, New Directions for sailing to and from the East Indies, China, New Holland*)一书中说,英国人将"Marsingola"称为"South Maroona"(Joseph Huddart, *The Oriental Navigator; or, New Directions for sailing to and from the East Indies, China, New Holland*, London: Printed and Published by Robert Laurie and James Whittle, second edition, 1801, p. 454.)。而法国学者巴奈特(François-Xavier Bonnet)在其2012年的一篇文章中认为"Maroona"一名是由西班牙绘图员命名的(François-Xavier Bonnet, "Long history of PH management," *Philippine Daily Inquirer*, 网址为:http://opinion.inquirer.net/42821/long-history-of-ph-management, 2014年5月22日)。笔者倾向于赞成前一种说法,即"Maroona"应由英国人命名的,且按照英国人通常对岛礁的命名方式,该名称应源自一艘船名或船长名(理由下文详述)。

表1 18世纪菲律宾地图中东经118度至吕宋岛西海岸海域中暗礁的名称汇总表

序号	地图制作年份	地图作者	地图所属国别	地图是否标出Scarborough	地图中吕宋西海岸海域自上而下三个暗礁的名称		
					上	中	下
1	1734	穆里略	西	未标出	Galit	Panacot	Lumbay
2	1752	尼古拉斯	法	未标出	Basse de Bulinao ou Galit	Basse de Marsingola ou Panacot	Basse de Mirabelle
3	1761	基钦	英	未标出	Galit	Panacot	绘有暗礁但未命名
4	1775	曼纳维耶特	法	标出 Scarboro	图中自上而下有三个暗礁,但未命名		
5	1782	匿名	德?	标出 Reef Scarboro	Reef Galit o Bolinao	Reef Panacot der Masingloc	Lumbay Bank
6	1787	塞耶	英	标出 Scarboro Shoal	North Maroona	Marsingola	Lambay
7	1788	威尔逊	英、法	标出 Scarborough Shoal	North Maroona	South Maroona	Mariveles Shoal
8	1790	阿莫多瓦	西	未标出	Bⁿᵒ de Bolinao ó Galit	Bⁿᵒ de Masingola ó Panacot	Bⁿᵒ de Mariveles ó Zumbay
9	1792	阿拉斯皮纳探险队	西	标出 Bajo de Masinloc o Scarborough	此处绘有三个暗礁	相应位置无任何暗礁	

(续表)

序号	地图制作年份	地图作者	地图所属国别	地图是否标出Scarborough	地图中吕宋西海岸海域自上而下三个暗礁的名称		
					上	中	下
10	1794①	—	英	标出 the Negroes Heads or Scarborough Shoal	Galit or Bolinao Bank called also Double Headed Shot and North Maroona	Panacot or Marsingola Bank or South Maroona	Lumbay or Mariveles Bank

地图来源：*Three Hundred Years of Philippine Maps 1598—1898*; Antonio T. Carpio, *Historical Facts, Historical Lies, and Historical Rights in the West Philippine Sea*; Antonio T. Carpio, *Historical Truths and Lies: Scarborough Shoal in Ancient Map*; 参见网址: http://www.imoa.ph/historical-facts-historical-lies-historical-rights-west-philippine-sea-lecture-supreme-court-senior-associate-justice-antonio-carpio-february-21-2-4-pm-lopez-m/。

---

① 2014 年菲律宾地图展时，该图被卡奥置于 1778 年序列中 (见地图展第 37 图)。李孝聪先生在其文中参照地图展亦将其纳入 1778 年。不过，*Three Hundred Years of Philippine Maps 1598—1898* 一书第 48 页认为该图出自 1794 年的罗伯特·卡尔 (Robert Carr) 之手。鉴于该图是对以往在地图的集大成者，本文这里选取 1794 年作为该图的发行年代。

与黄岩岛相关的几个外国历史地名考论　149

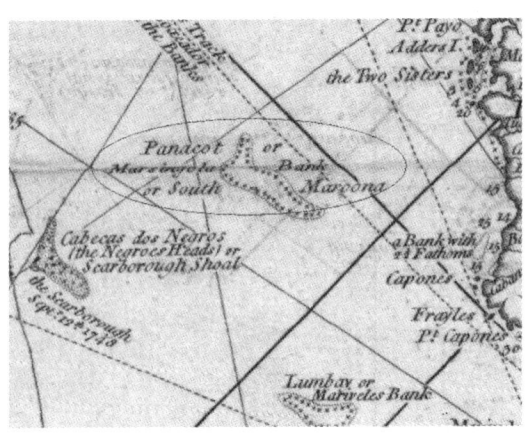

图 4 《中国海与菲律宾群岛地图》(1794 年,局部)

1794 年,英国伦敦罗伯特·劳里暨詹姆斯·维特公司(Robert Laurie & James Whittle)出版了一幅《中国海与菲律宾群岛地图》(A Chart of the China Sea and Philippine Islands)。在地图的左侧注记中,作者写道"地图是与穆里略地图比较,及参照英国数位航海家调查的结果"。因此该图集以往地图中诸项名称于一体,首次将 Panacot、Marsingola Bank 和 South Maroona 同时标注在同一暗礁上(见图 4,表 1)。这种"集多名称于一礁"的做法表明,绘图者认为上述三个地名是对同一暗礁的不同称谓,即 Panacot＝Masingola＝South Maroona。

三、Masingola 系 Masingloc／Masinloc 同名异写

18 世纪的西文地图中,与 Panacot、South Maroona 并存,指代同一暗礁的 Marsingola Bank,实际上指的就是 Masingloc Bank(西班牙名称可写作 Bajo de Masingloc),即 Marsingola 是 Masingloc／Masinloc 的同名异写。理由如下:

(1)从语音学角度看,Masingloc 与 Marsingola 存在如下关系:Marsingola＞Masingloc(即后者由前者衍化而来,下同)。由此,1752

年尼古拉斯地图中出现的 Basse de Marsingola 或 1794 年地图中出现的 Marsingola Bank（Shoal of Marsingola）与 Shoal of Masinloc 的关系，可以表述为：Basse de Marsingola > Shoal of Masingloc（>Masinloc），汉译为马辛洛克礁。

（2）从岛礁命名方式看，Marsingola Bank 是以沿岸城镇 Masingloc＋Bank 的方式命名而来的，Marsingola 即 Masingloc。大航海时代，对岛礁的命名方式，除采用船只名或船长名＋岛/礁的形式外，对沿海岛礁还常以邻近的城镇名＋岛/礁的形式命名。例如，1734 年穆里略地图中与"Panacot"大致处于同一经度的"Galit"又被称作"Shoal of Bolinao"；"Lumbay"又被称作"Mariveles Shoal"（见表1）。

前者的命名方式是以吕宋岛西北角班诗兰省（Pangasinan）下辖的一座重要城镇博利瑙（Bolinao）之名＋礁（Shoal 或 Bank）。后者的命名方式也是以菲律宾巴坦省（Batan）下辖的一座临海城镇马里韦莱斯（Mariveles）之名[①]＋礁（Shoal 或 Bank）。至于某些地图中出现的"Shoal of Mirabelle"，在达德利地图[②]右下角吕宋岛沿海一侧有个标记为"G di Maribellas ò Marabel"字样的地方，因此存在如下关系，即 Maribellas > Mirabelle 或 Marabel > Mirabelle。在西班牙语中，当"v"

[①] 据悉，马里韦莱斯（Mariveles）一名是为了纪念一位修女。参见：Ignacio Villanor, *Census of the Philippine Islands*, Volume Ⅰ, Geography, History and Climatology, Manila: Bureau of Printing, 1920, p. 92.

[②] 1646 年，意大利佛罗伦萨的英国流亡者罗伯特·达德利（Robert Dudley）出版了一套全部使用墨卡托投影法（Mecator's projection）制作的海洋地图集（atlas）——《秘海》（*L'Arcano del Mare*, Secret of the Sea）。负责地图印制的鲁支尼（Antonio Francesco Lucini）将地图集碎片化为众多的小图。其中，有四幅是关于菲律宾的。在四幅地图中，一幅题名为"马尼拉海及沿海地详图"（*Carta particolare del' mare e costa di Manilia*）的地图绘出了吕宋岛西部沿海一带的地理情况。

和"b"位于词中时发[ß]，因此又存在如下关系：Maribellas > Mirabelle > Mariveles。

那么与此方式类似，对邻近 Masingloc 镇的暗礁，也可将其以 Masingloc 城镇之名＋礁的方式命名为 Shoal of Masingloc 或 Masingloc Bank。而1734年穆里略地图显示，在 Panacot 东北方向的吕宋岛西海岸即标记有一个叫作 Mafinloc 的地方。在早期的航海志中，"s"通常被写作"f"，例如"sea"作"fea"；"she"作"fhe"。因此，Mafinloc 即 Masinloc。据此，1734年前后，时人完全可以将 Panacot 以邻近城镇 Masingloc 之名对之重新命名。因为菲律宾时为西班牙殖民地，这种以邻近城镇之名＋Bank/Shoal/Bajo 的命名方式应出自西班牙人之手，而有别于英国人以船只号或船长名命名岛礁的习惯。

既然 Masingola 是 Masingloc 的同名异写，且 Masingola Bank 是西班牙人的命名方式，那么前节所述，Panacot 的另一名称 South Maroona 就不应再出自西班牙人之手。如此的话，我们可以认定 Panacot、Masingola/Masingloc、South Maroona 三个名称应分别由菲律宾土著他加禄人、西班牙人和英国人所命名。

四、18 世纪图志中 Scarboro ≠（Masingola/Masingloc＝Panacot）

1748年9月12日，英国东印度公司的一艘运茶船"斯卡伯格"（Scarborough）号在靠近吕宋岛西部的中国海触礁沉没。此后英语世界便将"斯卡伯格"号触礁之地称作"斯卡伯格礁"（Scarborough Shoal），一直延续至今。在18世纪，Scarborough 与 Masingola/Panacot 是两个互不相同的地理存在。

1. 18 世纪地图中 Scarborough 与 Masingola/Panacot 同时并举

18世纪西方所制菲律宾地图在吕宋岛以西中国海域不时绘出这个被

称作"斯卡伯格礁"的暗礁。1775 年法国曼纳维耶特（Mannevillette）所制《中国海地图》（A Chart of the China Sea）首次标绘了 Scarboro Shoal。1782 年一幅由德语世界编绘的《新修菲律宾群岛图》（Neue berichtige und verbesserte Karte der Philippinschen Inseln），将其标注为 Reef Scarboro。1787 年由英国塞耶（Sayer）所出的《好望角、新荷兰和日本之间的印度和太平洋新地图》（A New Chart of the Indian and Pacific Oceans between the Cape of Good Hope，New Holland and Japan）标记了 Scarboro Shoal。1788 年亨瑞·威尔逊所制《帕琉群岛及其邻近海域图》则首次以 Scarborough Shoal 之名绘出了斯卡伯格礁。1794 年英国所出地图也标注了 Scarborough Shoal（以上各名称见表1）。

上述列举地图中，除 1775 年《中国海地图》外，其余地图在标出 Scarboro 或 Scarborough Shoal 的同时，又在与其大致同一纬度，但经度不同的右侧一方，均标出了 Panacot/ Masingola/South Maroona（见表1）。这无疑说明，在 18 世纪人们已明确认识到，黄岩岛（Scarborough Shoal）与 Masingola（Masingloc）/ Panacot / South Maroona 是两个各自独立且不混淆的地理存在。换言之，Scarborough Shoal ≠ Masingola（Masingloc）/ Panacot / South Maroona。

2. **18 世纪航海志中 Scarborough Shoal ≠ Masingola（Masingloc）/ Panacot**

除 18 世纪西方地图将 Scarborough Shoal 与 Panacot/Masingola/South Maroona 相互区别开来外，这一时期的西文航海志亦对两个独立的海上地物有着记录。1791 年，怀特（Gabriel Wright）与赫伯特（William Herbert）合著《关于东印度和中国航行的新航海指南》（A New Nautical Directory for the East-India and China Navigation）一书，该书截至 1804 年已发行 7 版。在书中，作者对吕宋西海域一带的暗礁记载道：

在这些暗礁中，有三块相距不远并露出水平面的岩石，它们很像尼格罗人的脑袋（Negroes heads）。"斯卡伯格"号靠近某个暗礁，也靠近三块岩石。North Maroona 或 Double-Headed Shot，西班牙人称之为 Baxa Boliana，很多报告说它几乎位于另外一个暗礁的北部，或无论怎样不超过向西 5 里格（1 里格是 3 英里，等于 4.8 公里）。这些暗礁被认为位于距离吕宋沿岸 25 里格处。在 South Maroona 东南 12 里格处，北纬 14°15′，还有另一个暗礁，通常称作 Baxos Mirabilis。这三个暗礁使通往吕宋的所有通道变得异常狭窄和危险。上述所有暗礁，目前都被准确地拟定在罗宾森先生的《中国海图》中。①

根据怀特与赫伯特的记载，我们可将文中所述礁石的相对位置作示意如下：

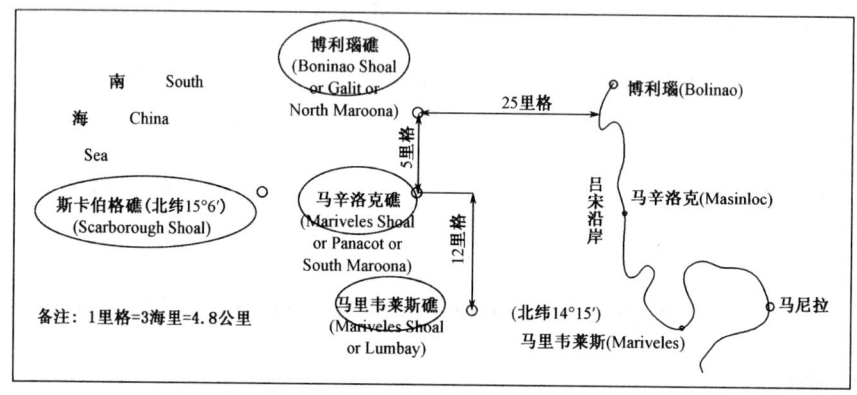

图 5

图示表明，吕宋以西海域至少有四个暗礁存在，且黄岩岛（斯卡伯格

---

① Gabriel Wright & William Herbert, *A New Nautical Directory for the East-India and China Navigation*, London: Printed by S. Couchman, the seventh edition, 1804, p. 482.

礁，Scarborough Shoal）与 Masingloc/Panacot/South Maroona 是纬度大致相同、经度不一的两个独立暗礁。

差不多同怀特与赫伯特一书同一时期的另一部航海志，也对吕宋以西海域的一些地貌及地理位置做了详细叙述。该书题名"东方航海家或东印度、中国和新荷兰的新指南"（*The Oriental Navigator; or, New Directions for sailing to and from the East Indies, China, New Holland*），由胡达特（Joseph Huddart）编著，初版于 1794 年，再版于 1801 年。文中对吕宋岛西海域礁石描写道：

这些暗礁中，最南端的暗礁叫作 Mirabella，位于北纬 14°24′，距离吕宋西海岸 14 或 15 里格；这个暗礁的北边，大约距离吕宋岛同等的距离，有个 Marsingola，英国人称之为 South Marona，位于北纬 15°；向北 20 里格处是 Bolinao 或 North Marona 的最南端；该礁位于海岸的 21 里格处，并且从北至东北延伸了约 18 里格。Scarborough Shoal，根据西班牙人的记载，位于吕宋岛西部的 66 里格处，从南到北，它延伸了 20 英里，它的最南端位于北纬 15°5′。1748 年 9 月 12 日，船长道维尼（D'Auvergne）的"斯卡伯格"号触礁沉没了。[①]

根据文意，吕宋以西海域也有四个地貌，它们的相对位置也可作如下示意：

---

① Joseph Huddart, *The Oriental Navigator; or, New Directions for sailing to and from the East Indies, China, New Holland*, London: Printed and Published by Robert Laurie and James Whittle, second edition, 1801, p. 454.

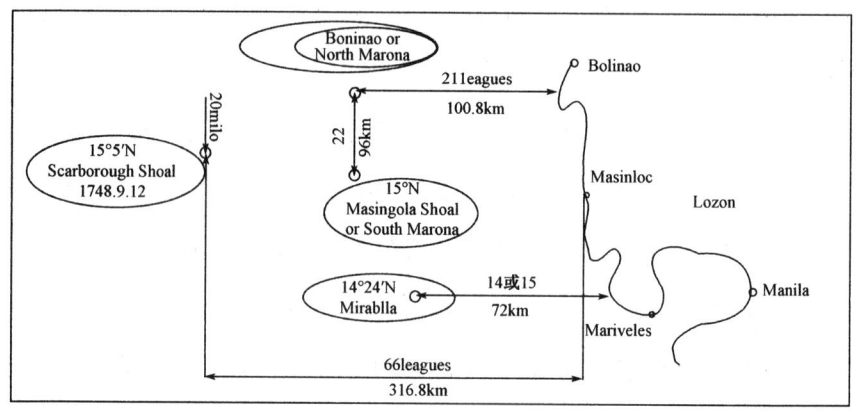

图 6

与怀特一文相比,胡达特一文关于斯卡伯格礁等四个暗礁的记载更为详细。作者既给出了四个暗礁的纬度,也给出了它们与吕宋岛近海岸的距离。相关地理水文数据与怀特一文虽有一定出入,但有一点是确定无疑的,即两文均认为黄岩岛与 Masingola /Panacot/ South Maroona 是两个截然不同的暗礁。

3. 数据估算显示 1734 年穆里略地图中 Panacot ≠ Scarborough

从地理位置上看,穆里略地图中 Panacot 的纬度(图中所示大约为北纬 15°28′)与黄岩岛所处纬度北纬 15°11′ 相差不足 20′,似属误差允许范围之列。然而,Panacot 经度似与黄岩岛实际经度不相符合。

1884 年在华盛顿国际天文学家代表大会确立以英国伦敦东南格林尼治的经线为本初子午线以前,西欧各国通常以本国或有代表性的天文台子午线作为本初子午线,例如,法国选定科沙裴多或巴黎,英国以伦敦,沙俄以圣彼得堡,希腊以雅典所在子午线为本初子午线。此外,西欧国家还会沿用使用千年之久的托勒密所定幸运岛为本初子午线,幸运岛即大西洋中非洲西北海岸附近的加那利群岛(Canarias Islands,北纬 28°30′,西经 14°10′),亦即利玛窦世界地图中的福岛(Fortunate Island)。

1634年4月,法国巴黎由里舍利厄大主教主持的国际子午线会议,又将加那利群岛最西边的耶罗岛(Hierro Island,北纬 27°25′,西经 18°)确定为本初子午线,但与会国并没有统一采纳。①

早期通常使用的本初子午线,除上述几种外,还有著名的教皇子午线。1493年,亚历山大六世颁布法令规定以佛得角(Cape Verde Islands)以西100里格(西经38°)为分界线,以西所有发现岛屿归西班牙,以东归葡萄牙。1494年6月7日,西班牙与葡萄牙签订的《托尔德西里亚斯条约》(Treaty of Tordesillas)规定,将双方分界线向西移动270里格,即最终以佛得角以西370里格处为双方分界线。分界线所处位置约为西经 46°37′。②

经比对,穆里略地图所采用的本初子午线最有可能是教皇1493年所立佛得角以西100里格处的分界线,即西经38°线。理由是,经过查验地图中比较突出的地点图示经度与实际经度(以格林尼治为本初子午线)的关系,我们发现两者存在某种等量关系,即某地图示经度减去实际经度均约为一常量 38°。例如,穆里略地图所示马尼拉城大致位于东经 158°40′,其实际经度为 120°58′,两者相差约 38°;地图中最上端的卡加延岛位于东经 159°10′,其实际经度为 121°29′,两者相差约 38°;地图所示 Cabo de Boxeador 约为 158°20′,其实际经度为 120°35′,两者亦相差 38°。③据此可推断,穆里略地图使用的乃是格林尼治子午线以西

---

① 赵英丽:《利玛窦世界地图的本初子午线》,载《说古论今》,2005年第4期。

② 请参阅 http://geography.about.com/library/weekly/aa112999a.htm,2015年12月8日。

③ 其经度参阅,1812年英国人 Aaron Arrowsmith 所绘菲律宾地图,网址为: http://maps.bpl.org/id/14679,2014年8月21日。

38°的子午线，唯有1493年首次确定的教皇子午线符合这一标准。至于穆里略地图未使用托尔德西里亚斯条约规定的西经46°37′为本初子午线，理由暂不明。

若上述推算方法可行且不误的话，那么我们可将穆里略地图中以1493年教皇子午线（即西经38°线）为基准的Panacot经度，换算成以格林尼治本初子午线为基准的经度：156°40′－38°＝118°40′，而黄岩岛以格林尼治为本初子午线的实际经度为117°41′，两者相差达1°。黄岩岛所在纬度为北纬15°11′，若将其折合为以北纬15°计算的话，那么在北纬15°这一条纬线上，经度相差1度，其实际距离就相差为107公里[①]。倘将如此差额纳入误差范围，显然不能令人信服。尽管前述马尼拉、卡加延岛、Cabo de Boxeador的实际格林尼治经度与按照图示经度再换算成格林尼治经度后，两者的相差分别计为：120°58′－（158°40′－38°）＝18′；121°29′－（159°10′－38°）＝19′；120°35′－（158°20′－38°）＝15′，但三者并未达1°的误差。相较而言，地图中Panacot换算成格林尼治经度与黄岩岛的实际经度相差较远，这就说明Panacot并非黄岩岛。虽然上述分析只是计算的结果，可能存在误差与错讹，加之原始地图的数据不甚准确，然而上述数据仍不失为一种有参考价值的依据。

经由上述分析我们可以认定，至少在18世纪中叶至18世纪末这一时期，有关描绘、记录菲律宾吕宋岛以西海域岩礁的图志均表明，黄岩岛与Masingola/Panacot是两个彼此独立、不相混淆的暗礁。

五、18世纪末Panacot/Masingola的消失与Masingloc之名的转移

1789年，西班牙政府资助意大利人马拉斯皮纳（Alejandro

[①] 该数据的计算公式为：$111 \times 1 \times \cos 15° \approx 107$ 公里。也即，地图上北纬15°纬线上经度相差1度，实际距离相差约100公里。

Malaspina)率领"发现"号(Discovery)和"勇敢"号(Daring)从卡迪斯(Cadiz)出发,开始环球航行。1792年马拉斯皮纳横越太平洋,抵达关岛和菲律宾。在菲律宾,他访问了马尼拉等港口,并对吕宋、民多洛等岛屿做了地图学调查。① 1794年,"圣安纳"号(Saint Ana)和"圣华金"号(Saint Juaquin)又从吕宋岛西北角的博利瑙(Bolinao)出发,对该地以西海域地貌进行了考察。1800年西班牙又派出"圣露西亚"号(San Lucia)等船只对 Scarborough Shoal 进行了测量。这两次测绘的结果及相关航行路线被绘制于一幅名为"航海测量图"(Plano de la Navigacion)的地图中。②

1808年,西班牙集1792—1793年和1800年两次调查测量的结果于一体,又编绘了一幅《菲律宾总图》(Carta General de Filipinas)。该图出版时署名为鲍萨(Felipe Bauzá)。③ 图中也绘出了两次调查船的航行路线。1812年,英国人阿伦·阿罗史密斯(Aaron Arrowsmith)参照该图及对附属岛屿的新近测量结果编绘了一幅《菲律宾群岛图》(Chart of the Philippine Islands)。图中给出了1794年和1800年西班牙测量船的航行路线(见图7、图8),及黄岩岛的命名情况(图9)。

---

① Thomas Suarez, *Early Mapping of Southeast Asia*, Periplus Editions (HK) Ltd., 1st edition, 1999, p.247.
② 李孝聪先生一文已对地图中相关文字信息进行了释读,详述了个中原委。参见李孝聪:《从古地图看黄岩岛的归属——对菲律宾2014年地图展的反驳》,载《南京大学学报(哲学·人文科学·社会科学)》,2015年第4期,第81-82页。
③ *Three Hundred Years of Philippine Maps*, p.46.

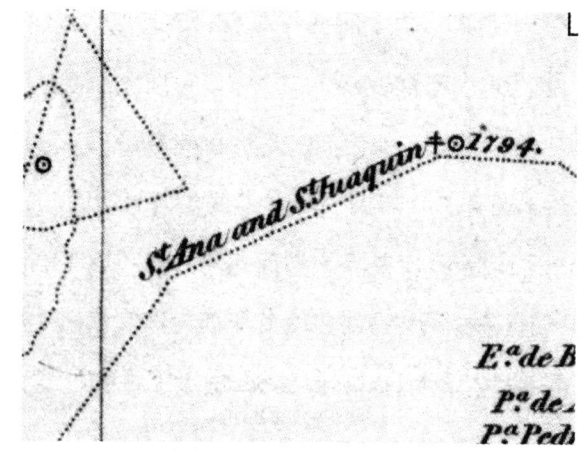

图7　1794年圣安纳号和圣华金号航线

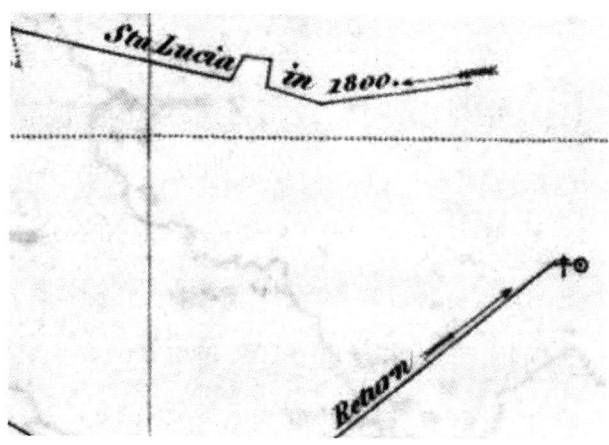

图8　1800年"圣露西亚"号航线

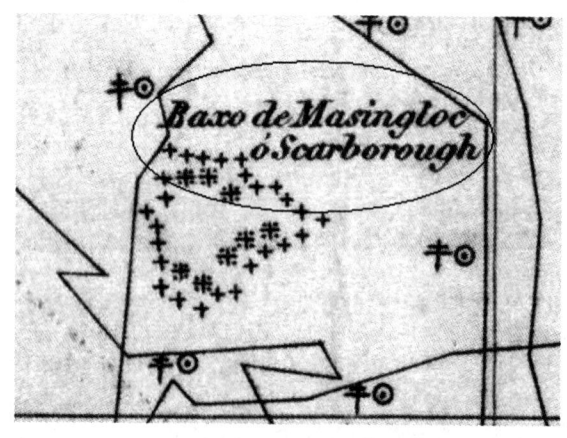

图9　对黄岩岛的测量路线及命名

1794 年和 1800 年西班牙人的两次测绘及《航海测量图》和《菲律宾总图》显示，除 Scarborough Shoal 而外，在吕宋岛以西海域已不存在其他岛礁，地图"确认了斯卡伯格礁在（吕宋岛）西部的方位，证实了数十年绘制（于菲律宾地图上）中吕宋博利瑙礁西部（海域）的三个大暗礁是不存在的"。① 也就是说，Panacot/Masingola/South Maroona, Galit/North Maroona/Bolinao, Lumbay/ Mariveles Shoal 三暗礁已消失，应是被海水淹没了。②

三个暗礁"不存在"的记载，可能导致出现如下两种情况：

第一种情况，考虑到早期航海测量与地图绘制等技术落后原因，曾经地图中记录的三个暗礁根本就不存在，只是绘图员错误地记录了三个暗礁，而事实上只存在唯一的黄岩岛。

第二种情况，确如李孝聪所推测，在 18 世纪末 19 世纪初，由于海水上升或地壳运动等地质原因，一度存在的三个暗礁此时消失了。因此 18 世纪末 19 世纪初欧洲人在相关海域测量时未"发现"三个暗礁，而将三个暗礁视作"不存在"。

笔者比较倾向于赞同第二种情况，理由有三：

首先，前节对 1734 年穆里略地图中数个地名的经度数据估算表明，地图还是相对准确地反映了菲律宾群岛的地理方位与地形地貌。文中选取的马尼拉、卡加延岛和 Cabo de Boxeador 三处地图经度，经换算后与实

---

① Carlos Quirino & Leovino Ma. García, ed., *Philippine Cartography 1320—1899*, third edition, Quezon City: Vibal Foundation, 2010, p. 73.

② 李孝聪：《从古地图看黄岩岛的归属——对菲律宾 2014 年地图展的反驳》，第 82 页。这里还需做出说明，只是部分文字材料和地图记录或标记了三个暗礁全部消失的现象。事实上，西班牙两次调查后绘制的地图仍标记了博利瑙角西北部海域中"存在"的暗礁情况（见图 6）。19 世纪也间有西班牙地图标记出博利瑙礁（Bolinao Shoal）（见表 2）。

际格林尼治经度误差不大,那么地图对 Panacot、Galit 的地图经度定位似应属客观。 1734 年穆里略地图中穿过 Panacot 与 Galit 之间的大帆船贸易航线也暗示当时西班牙人应对靠近吕宋岛近海岸的海上地物比较熟悉。

其次,根据 1809 年西班牙马德里皇家印刷馆出版的《关于西班牙航海家在全球不同地点天文观测的备忘录》一书作者约瑟夫·埃斯皮诺萨·伊戴约(Josef Espinosa Y Tello)的说法,尽管 1794 年和 1801 年西班牙进行的两次航海测绘未"发现"早期图志中存在的 Bolinao/Galit,但鉴于包括西班牙海军司令卡布雷拉·布埃诺(Cabrera Bueno)在内的多名船长的实地见闻,作者还是认为该地是存在的,正如布埃诺所说,"博利瑙礁是由海水冲击而成的黑色礁石群组成的,除非离得足够近,否则是看不出来的"。① 既然 Bolinao/Galit 是存在的,那么与之并存的、以往亦一再为航海家所确认的 Panacot 也应存在。

最后,1734 年地图中出现的 Galit、Panacot 和 Lumby 均是菲律宾他加禄语。 这表示三个暗礁的"发现"与"命名"是当地土著人所为。 土著人对周边海域的航行与观测,应该出自于他们的实际生活经验,这就意味着他们不太可能将不存在的地物进行具体化、形态化。

根据以上三点,笔者认为 Panacot 早期是存在的,只不过至 18 世纪末消失了。 现代海洋地质与地球物理实测研究也表明,在黄岩岛以东海域分布着马尼拉海沟与西吕宋海槽,而海沟与海槽之间还存在一个海底火山弧,因此 Panacot 必定与此火山弧有关联。

18 世纪末 19 世纪初,西班牙的两次调查证实了吕宋以西海域与黄岩岛平行纬度已不存在其他暗礁。 不过,这并不意味着曾经出现于 18 世纪图志

---

① Josef Espinosa Y Tello, *Memorias Sobre Las Observaciones Astronomicas*, Tomo Ⅱ, Madrid en la Imprenta Real, 1809, p. 49.

中的、经西班牙调查业已被证明不存在的暗礁，与黄岩岛不再发生任何联系了。1792年《航海测量图》和1808年《菲律宾总图》分别将黄岩岛标记为"Bajo Masinloc o Scarborough"和"Bajo de Masingloc ó Scarborough"。①参照1808年《菲律宾总图》、1812年英国阿罗史密斯制《菲律宾群岛图》也将斯卡伯格礁标记为"Baxo de Masinloc ó Scarborough"。三幅地图均出现将黄岩岛标记为"Bajo de Masingloc"的情况。前文已述，Masingloc（Masingola）一名于18世纪是被用于称呼Panacot的，西班牙新近的两次调查已证明曾经的Panacot/Masingola业已消失。那么为何西班牙使用一个被证实不存在的暗礁名称去命名另外一个暗礁呢？

李先生认为："西班牙人在1800年前后测量菲律宾以西海域时，无法确指吕宋岛沿海浅滩，于是就把菲律宾港口Masingloc之名移植到Scarborough上。"②这一说法具有启发性。西班牙人极可能是将曾经图志中出现的、由自身习惯命名的、已被证实"不存在"的Masingola/Masingloc转移到平行纬度的黄岩岛上。其动机显然是为了使用西班牙人的命名方式（城市名＋礁），以区别于英国人的命名方式（船只号/船长名＋礁），进而彰显西班牙人的"发现和占领"。③此后，整个19世纪西班牙人所制菲律宾地图中，西班牙人要么将黄岩岛并称为"巴约的马辛洛克礁"或"斯卡伯格礁"（Bajo de Masingloc or Scarborough），要么干脆直接称作"马辛洛克礁"（Bajo Masinloc）（见表2）。

无独有偶，与西班牙人的"移名"行为相似，19世纪初英国人也将曾对

---

① 前者名称见菲律宾地图展图44；后者名称见 *Three Hundred Years of Philippine Maps*, p.46.

② 李孝聪：《从古地图看黄岩岛的归属——对菲律宾2014年地图展的反驳》，第82-83页。

③ 西班牙人此举是否对黄岩岛主权归属产生意义，将另文探讨。

Panacot 的命名 South Maroona "转移" 到黄岩岛上，而将其独称为 Maroona。① 李先生在其文中利用一幅 1815 年英制地图已说明了这一点。

18 世纪末 Panacot 等暗礁的消失，及随后西班牙人将 Masingloa/Masingloc 之名转移至黄岩岛上的行为，为后来菲律宾寻求声索黄岩岛主权的历史依据埋下了祸根。菲律宾独立后继承了西班牙时代对黄岩岛的称谓，即巴约的马辛洛克礁。这就是说，从 19 世纪初以来至今，黄岩岛 Scarborough Shoal＝Bajo de Masingloc；而 18 世纪的图志中又存在着：Masingola /Masingloc ＝ Panacot。如此的话，菲律宾极有可能以 Masingloc 为媒介，故弄玄虚地将黄岩岛"归属"自身的历史追溯至首次绘出 Panacot 地图的 1734 年，以达其混淆视听的目的。2012 年菲律宾外交部发布的立场文件直接称 1734 年地图已将 Bajo de Masingloc（巴约的马辛洛克）"纳入"了三描礼士省。文件紧随其后又说 18 世纪末马拉斯皮纳调查后所绘地图也将 Bajo de Masingloc "纳入"菲律宾的事实。菲律宾将两个名为 Bajo de Masingloc 的地理存在同时并举，很容易使人们

---

① 18 世纪末 19 世纪初英国人胡达特所出航海志曾引用"斯卡伯格"号船长道维尼（D'Auvergne）对斯卡伯格礁的记载。在胡达特引用完船长道维尼的日志后，他紧接着总结道，"船长道维尼在其报告中将此礁（即斯卡伯格礁——引者注）与 Marsingola 或 South Marona 混淆了"（Note that Captain *D'Auvergne* in his account has confounded this shoal with the Marsingola or South Marona）。引文见，Joseph Huddart, *The Oriental Navigator*; *or*, *New Directions for sailing to and from the East Indies*, *China*, *New Holland*, London: Printed and Published by Robert Laurie and James Whittle, second edition, 1801, p. 454. 胡达特的这句注解表明，船长道维尼是将"斯卡伯格"号触礁的地方误当作 South Maroona 或 Masingola 了。不过，当时的英国人似乎并没有受到道维尼的报告影响而将两者混淆。例如，1788 年和 1794 年由英国人参与修订的菲律宾地图，在吕宋岛以西海域均将 Scarborough Shoal 和 South Maroona 标绘出来了（见表 1）。因此，19 世纪初当部分英国人的地图将 Scarborough 同时标注为 Maroona 时，其原因不应归结为受船长道维尼将两个地貌混淆的影响，而是另有他因，亦即本文提出的英国人采取"移花接木"之术的结果。

相信它们指的是同一个地理存在。通过18世纪图志中存在的等量关系：Masingola/Masingloc＝Panacot，进而从逻辑上将19世纪以后出现的 Bajo de Masingloc/Scarborough 等同于 Panacot。事实上，Panacot 等同的 Masingloc 与 Scarborough Shoal 等同的 Masingloc 是两个互不相同的地理存在。

表2 19世纪黄岩岛被标记为 Masinloc/Masingloc 的地图汇总一览表

序号	年份	地图作者	地图名称	地图对黄岩岛命名	备注
1	1792	水道测量局	航海测量图	Baxo de Scarburo ó de Masinloc	博利瑙礁 Bolinao（有形状无名称）
2	1808	水道测量局	菲律宾总图	Bajo de Masinloc o Scarborough	同上
3	1820	水道测量局	菲律宾总图	Bajo de Scarburo o de Masingloc	同上
4	1852	科埃略	菲律宾地图	Bajo Masinloc	无其他暗礁
5	1861—1865	水道测量局	印度洋圆地图	B$^\infty$ Masingloc	标有 B$^\infty$ Bolinao
6	1862	水道测量局	菲律宾群岛总图	Bajo Masingloc o Scarborough	无其他暗礁
7	1871	水道局	印度洋总图	B$^\infty$ Masingloc	标有 B$^\infty$ Bolinao
8	1875	水道测量局	菲律宾群岛总图	Bajo Masingloc o Scarborough	无其他暗礁
9	1897	水道测量局	太平洋总图	Bajo Masingloc o Scarborough	无其他暗礁

1820年地图来源于：Edgardo Angara, Jose Maria Cariño and Sonia Ner, Mapping the Philippines: The Spanish Period, Quezon City, Philippines: Rural Empowerment Assistance and Development Foundation, 2009. 其余地图均来自：Antonio T. Carpio, Historical Facts, Historical Lies, and Historical Rights in the West Philippine Sea; Historical Truths and Lies: Scarborough Shoal in Ancient Map.

六、与 P. de Mandato 相对的暗礁＝(Galit/Bajo Bolinao/North Maroona)≠Panacot

2014年9月至2016年2月，菲律宾大法官卡皮奥在其举办的地图展及系列演讲中认为，1636年一幅德意志法兰克福出版的地图中，距离吕宋岛西海岸线不远的、位于海中的一处未命名地理存在，即后来1734年穆里略地图中的Panacot。卡皮奥又说此处地理存在靠近吕宋岛沿岸的一个地方P. de Mandato。在地图展的图23注释中，卡皮奥对P. de Mandato做出了解释。他说："该西班牙短语是指挥部（Point of Command）的意思——这意味着沿岸一带有一支沿海警备部队驻守。"这处未命名的地理存在于17世纪欧洲人所制地图中多次与"P. de Mandato"一同出现（见表3）。

表3 17世纪此未命名地理存在与"P. de Mandato"一同出现的地图汇总表

序号	年份	地图作者	地图所属国别	地图名称	图展序号
1	1636	Matthaus Merian	德意志法兰克福	China Veteribus Sinarum Regio Nunc Incolis Tame Dicta	23
2	1650	Pierre Mariette	法国巴黎	东印度及其附属岛屿总图	24
3	1662	Fredrick De Wit	荷兰阿姆斯特丹	东印度群岛图	25
4	1670	Nicholaus Visscher	荷兰阿姆斯特丹	东印度群岛总图	26
5	1676	John Speed	英国伦敦	东印度新图	27
6	1697	Philip Cluverius	荷兰莱顿	东印度群岛总图	28

资料来源：Antonio T. Carpio, Historical Facts, Historical Lies, and Historical Rights in the West Philippine Sea; Historical Truths and Lies: Scarborough Shoal in Ancient Map.

然而，与P. de Mandato相对的海中未命名暗礁，实际上并不是Panacot，而是另有所指。地图展图26（对应于演讲稿第32页图d）对1670年尼古拉斯所制地图的放大版表明，无论从地貌所处方位抑或从地貌特征看，与"P. de Mandato"相对的海中未命名地理存在，即17世纪图志中的Bolinao Shoal/Galit/North Maroona/ Double Headed Shot（图

10）。该图对此地理存在的地貌描绘（两个相对的暗礁）也符合英国人后来对 Galit 的定名"双头礁"。

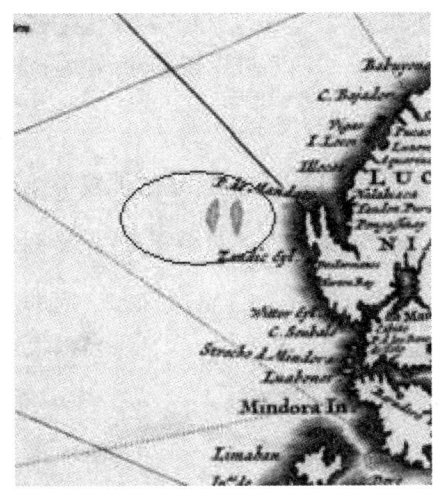

图 10　1670 年地图中与 P. de Mandato 相对的未命名暗礁

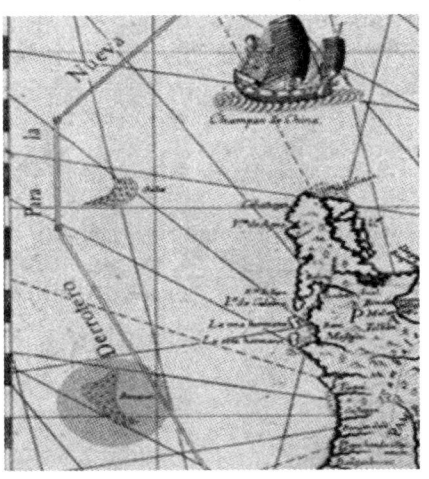

图 11　1734 年地图中的西北航线

而有西班牙卫戍部队驻守的 P. de Mandato 实际上应是与 Galit 距离不远的吕宋岛西北重镇博利瑙（Bolinao，即中国古代史籍中的表山，玳瑁）。理由有二：首先，相关地图中 P. de Mandato 的地理方位与此镇比较吻合；其次，恰因为博利瑙镇地处要冲，天然扼守着菲律宾群岛与墨西哥之间的当时西班牙开展得如火如荼的大帆船贸易航线。在此处驻军正是为了便于保护贸易航线。这从 1734 年穆里略地图所示航线得到验证。

该图在吕宋岛以西海域绘有一条自马尼拉通往墨西哥阿卡普尔科港（Acapulco）的大帆船贸易航线。此航线在图上的标注文字是 Derrotero Para la Nueva Efpanna Por el Cabo de Boxeador 或 Route pour la Nouvelle Espane par le Cap de Boxeador，即经过 Boxeador（西班牙语意为拳击手，即今天的巴尔戈斯）角通往新西班牙的航线。该线的具体走向是，从马尼拉港出发,出马尼拉湾,向北穿过 Galit 与 Panacot 之间水道,再折向东北,穿越 Boxeador 角,然后折向东通往墨西哥。从图上看,航线经 Galit 后转向了东北方向(见图 11),显然这一航线决定了大帆船贸易时代的早期,西班牙的菲律宾当局会派驻一支军队常驻距离 Galit 不远的沿岸地 P. de Mandato,以确保贸易航线的畅通与安全。

总之,从 P. de Mandato 的含义及 18 世纪图志对 Galit 的地貌描绘看,与 P. de Mandato 相对的海中未命名暗礁或地理存在系指 18 世纪图志中的 Galit/Bajo Bolinao/North Maroona/ Double Headed Shot,而非 Panacot/Masingola/South Maroona,更不是 Scarborough Shoal(黄岩岛)。

七、结 语

17 至 19 世纪西方图志文献表明,18 世纪吕宋岛以西海域的 Panacot 又被称作 Masingola 或 South Maroona。它们与黄岩岛是纬度相似、经度不同的两个地理存在。从西班牙的岛礁命名习惯(城市名+礁)和语音学两种角度看,Masingola 应是 Mansingloc 的同名异写。

由于 18 世纪末西班牙人在吕宋以西海域进行水文测量时未发现 Panacot(Masingola),部分英国人和西班牙人遂于 19 世纪早期分别将 South Maroona 和 Bajo de Masingloc 之名转移至黄岩岛(Scarborough Shoal)上。这为后来菲律宾寻找声索黄岩岛主权的历史依据埋下了伏笔。其以 Masingloc(Masingola)为媒介,将 19 世纪的 Scarborough Shoal(黄岩岛)等同于 18 世纪的 Panacot,即 Scarborough Shoal=Masingloc / Masingola=Panacot,这是 2012 年以来菲律宾将 1734 年西班牙穆里略所制地图中的 Panacot 视作当今黄岩岛的内在逻辑。事实上,18 世纪的 Masingola(Masingloc)和 19 世纪的 Masingloc 是两个独立的、互不相同的暗礁。

而 1636 年开始出现在西方所制地图中的,与 P. de Mandato 相对的海中未命名暗礁,乃是 18 世纪图志中出现的 Galit/Bolinao/North Maroona,而非 Panacot,更不是黄岩岛(Scarborough Shoal)。由此,2012 年以来,菲律宾提出将黄岩岛归属自身的历史追溯至 1734 年,甚至更早的 1636 年的观点,不能成立。

气候变化下渔业规制的未来思考

邹克渊①

|摘 要| 人们普遍认为,全球温度升高这一气候变化会对渔业和海洋生态系统造成严重影响。而渔业和生态系统之间又存在着深入显著的相互依存关系。这三者之间相互影响的关系明显地体现在东亚地区,特别是在南海地区。全世界86%的渔民和渔场主要都生活在东亚地区,其中又以中国的数量最多。因此气候变化不可避免会影响东亚地区的渔业发展。本文从气候变化和渔业规制的互动出发,旨在考察是否应当引入并适用国际法,尤其是引入并适用国际法律原则,以便更好地进行渔业管理,从而应对气候变化产生的各种影响。

|关键词| 气候变化 国际法律原则 渔业管理

一、引 言

通常来说,人们对于气候变化对渔业的影响程度知之甚少,[②]其原因

---

① 邹克渊,浙江大学光华法学院暨英国中央兰开夏大学法学院国际法教授、博士生导师。 本文原文由英文写成,由袁仁辉翻译成中文,再由作者对其进行整理修改而成。 本文为中国南海研究协同创新中心重大课题"气候变化对南海划界的影响及其岛屿制度等国际法问题研究"成果的一部分。

② Leon Williams and Antonio Rota, Impact of climate change on fisheries and aquaculture in the developing world and opportunities for adaption, at 4, http://www.ifad.org/lrkm/pub/fisheries.pdf.

主要在于,"气候变化具有内在的不可预测性,渔业和水产养殖生计与其他生计策略及经济因素相互交织,使得阐明气候影响的精准机制变得极为复杂"。①《关于气候变化经济学的斯特恩报告》也支持这种观点,并认为"对渔业来说,有关气候变化可能产生之影响的信息非常有限"。② 然而,人们普遍认为,气候变化对渔业会产生影响。

自 1950 年以来,全球海洋表面平均温度一直处于上升状态,原因在于,海洋吸收了新增释放到气候系统中热量的 80%,水温不断升高,遇热产生膨胀,使得全球海平面在 1961—2003 年期间平均每年升高 1.8 毫米,而海水遇热产生膨胀对于海平面升高的贡献率达 57%。③ 海洋还吸收了大约 25% 的新增二氧化碳,导致海洋发生酸化反应。④ 气候变化影响到海洋生态系统,这一影响在大西洋东北部地区得到显著体现。在那里,藻类、浮游生物和鱼类物种出现富集现象,其分布区域向两极方向快

---

① WorldFish Center, Fisheries and aquaculture can provide solutions to cope with climate change, 2007, cited in ibid., at 4.

② WorldFish Center, The threat to fisheries and aquaculture from climate change, Policy Brief, 2007, at 6.

③ IPCC, Climate Change 2007: Synthesis Report-Contribution of Working Groups I, II, and III to the Fourth Intergovernmental Panel on Climate Change, cited in supra note 1, at 6.

④ Eakin, M. C., Kleypas, J. and Hoegh-Guldberg, O., "Global climate change and coral reefs: rising temperatures, acidification and the need for resilient reefs", in C. Wilkinson, ed. *Status of Coral Reefs of the World: 2008* (Global Coral Reef Monitoring Network and Reef and Rainforest Research Centre), Townsville, Australia, 2008, pp. 29 - 40, http://www.reefbase.org/download/download.aspx?type=1&docid=13311.

速扩展。① 海洋水温升高和海洋酸化会对珊瑚礁造成损害。在一个较长时期内，如果海水连续4周超过夏季平均温度1℃，就会出现珊瑚礁"漂白化"。② 如果出现全球规模的珊瑚礁"漂白化"，就是一个"大规模漂白事件"。1998年发生的大规模漂白事件杀死了全球大约16％的珊瑚礁。③ 鱼类种群的生长大多依赖于珊瑚礁，因而珊瑚礁漂白化对鱼类种群产生严重影响。更糟糕的是，海洋酸化会减缓珊瑚的造礁速度并弱化珊瑚礁的化学结构。

渔业及其与生态系统之间的联系比主流农业中的同类联系更为深入，更为显著。④ 渔业的生产能力与生态系统的健康和功能状态有关，而生态系统又依赖食物、栖息地以及鱼种散布。⑤ 河口、红树林、珊瑚礁和海草床在支撑生态系统恢复方面特别重要，尤其是它们可以成为幼鱼的繁殖地，但它们都非常敏感，加上它们高度暴露，容易受到沿海开发、环境污

---

① Brander, K. M., "Global fish production and climate change" in Proceedings of the National Academy of Sciences 104(50), 19704 - 19714, 2007, cited in supra note 1, at 6.

② Nicholls, R. J., Wong, P. P., Burkett, V. R. et al., "Coastal systems and low-lying areas", in M. L. Parry, O. F. Canziani, J. P. Palutikof, P. J. van der Linden and C. E. Hanson, eds., *Climate Change 2007: Impacts, Adaptation and Vulnerability*. Contribution of Working Group II to the Fourth Assessment Report of the Intergovernmental Panel on Climate Change, Cambridge University Press, 2007, pp. 315 - 356, http://www.ipcc.ch/pdf/assessment-report/ar4/wg2/ar4-wg2-chapter6.pdf.

③ Ibid.

④ FAO, Climate change for fisheries and aquaculture, Technical background document from the Expert Consultation, 7 to 9 April 2008, FAO, Rome, ftp://ftp.fao.org/docrep/fao/meeting/013/ai787e.pdf.

⑤ FAO, Fisheries and Aquaculture in a Changing Climate, Multi-Agency Brief, 2009, ftp://ftp.fao.org/FI/brochure/climate_change/policy_brief.pdf.

染、泥沙沉淀、破坏性捕捞和气候变化的负面影响。① 鱼类往往生存在系列因素接近其耐受限度的地区。因此，海水温度上升、发生酸化反应后，会降低海水溶解氧气的能力，导致鱼类所在地区水中的盐度发生变化，对鱼类生存产生有害影响。② 海平面上升后，可能会破坏或摧毁许多沿海地区的生态系统，如红树林和沼泽湿地，而它们则是维持野生鱼类种群、提供鱼种以便进行水产养殖的必备条件。③ 水表温度变化后，会改变当地的生态系统，影响鱼类种群的丰富程度和物种结构。④

尤其需要指出的是，气候变化会影响东亚地区的渔业活动。据我们所知，全世界86%的渔民和渔场主要都生活在东亚地区，其中又以中国的数量最多（有810万渔民和450万养殖户）⑤，中国是世界上最大的鱼类生产国。在2006年，中国的鱼类产量就达5 150万吨，其中1 710万吨来自于捕捞业。⑥ 因此，气候变化对渔业产生的任何不利影响都将不可避免地影响到渔民和捕鱼村落的生计，特别是会影响到亚洲地区的渔民和捕鱼村落。

显然，气候变化会对渔业产生影响，但还是有人会问，鱼类枯竭是否会影响到气候变化，或者鱼类的养护是否有助于缓解气候变化。从气候变化和渔业规制双方的互动出发，本文的目的就在于：考察是否应当引入并适用国际法，尤其是引入并适用国际法律原则，以便更好地进行渔业管

---

① Nicholls, R. J., Wong, P. P., Burkett, V. R. et al., supra note 7.
② Roessig, J. M., Woodley, C. M., Cech, J. J. and Hansen, L. J., "Effects of global climate change on marine and estuarine fishes and fisheries", *Reviews in Fish Biology and Fisheries* 14, 2004, pp. 251 - 275; cited in supra note 1, at 8.
③ WorldFish Center, supra note 2, at 3.
④ Ibid., at 3.
⑤ FAO, *The State of World Fisheries and Aquaculture 2008*, 2009, p. 176
⑥ Ibid.

理,从而应对气候变化产生的各种影响。

二、法律原则的适用性

在气候变化和渔业的法律治理方面,有着两套虽然不同但却相互关联的国际法律框架。首先是《联合国气候变化框架公约》(UNFCCC),之后是《联合国海洋法公约》(UNCLOS)。虽然这是两套不同的法律框架,但两套法律框架在法律原则上有着某些共同之处。公认的是,《海洋法公约》中绝大多数条款都没有专门提到气候变化,并且,在最近时期形成的海洋污染治理法律文件中,专门提到气候变化的情形仍然相对少见①,但在《海洋法公约》及这一领域的习惯法中仍然有些规则与气候变化有关。② 但有一个比较特殊的例子,那就是 2008 年签订的《地中海海岸带综合管理议定书》将气候变化纳入法律文件。《议定书》在序言中明确提及《气候变化框架公约》,且在第五条第(一)款中规定,缔约国有义务"防止及/或减轻……尤其是气候变化……的影响",并使之成为海岸带综合管理的目标之一。③ 除此之外,无论是全球性、地区性还是双边性渔业协议都没有这样的明确规定。不过,无论是气候变化,还是渔业管理,都应当适用以下法律原则:

（一）预防性原则

这一原则要求,即使没有确切的科学证据证明有可能对特定地区的自

---

① International Law Association (ILA) Washington Conference (2014), Legal Principles Relating to Climate Change, 2014, at 37.

② ILA, ibid., at 38; See also A Boyle, "Law of the Sea Perspectives on Climate Change", 27 *International Journal of Marine and Coastal Law*, 2012, pp. 831, 832-33.

③ ILA, ibid., at 38.

然环境、气候和渔业生产造成损害,各国也要采取预防措施。1995 年的《跨界鱼类种群协定》,首次在国际渔业法中引入了预防性做法。该协定规定,"各国对跨界鱼类种群和高度洄游鱼类种群的养护、管理和开发,应广泛适用预防性做法,以保护海洋生物资源和保全海洋环境"。为了实现这种做法,"各国应:1. 取得和共用可获得的最佳科学资料,并采用关于处理危险和不明确因素的改良技术,以改进养护和管理渔业资源的决策行动;2. 适用附件二所列的准则并根据可获得的最佳科学资料确定特定物种的参考点,及在逾越参考点时应采取的行动;3. 特别要考虑到关于种群大小和繁殖力的不明确情况、参考点,相对于这种参考点的种群状况,渔捞死亡率的程度和分布,捕鱼活动对非目标和相关或从属种的影响,以及现在和预测的海洋、环境、社会经济状况等;4. 特定数据收集和研究方案,以评估捕鱼对非目标和相关或从属种及其环境的影响,并制订必要计划,确保养护这些物种和保护特别关切的生态环境"。①

2011 年,国际海洋法法庭海底争端分庭在《关于缔约国责任与义务的咨询意见》中确认,预防性做法是"担保国勤勉职责中不可分割的组成部分;即使在《区域内多金属硫化物探矿和勘探规章》和《区域内富钴铁锰结壳探矿和勘探规章》规定的范围以外,这一预防性做法也得予以适用"。② 海底争端分庭的这一咨询意见表明,国际司法机构无疑已经强化了预防性做法的适用范围,不仅将其适用于深海作业活动,也将其适用于包括渔业在内的其他海洋使用行为。

在国家实践方面,北太平洋渔业管理委员会(NPFMC)已经停止了

---

① Article 6 of the UN Fishery Stocks Agreement, http://www.un.org/depts/los/convention_agreements/texts/fish_stocks_agreement/CONF164_37.htm.

② ITLOS, Case No.17, 1 Feb 2011, p.131.

北太平洋部分地区的捕鱼活动,其原因就在于:由于气候变化,有关数据在科学上具有不确定性。北太平洋渔业管理委员会决定,在北极管理区域禁止进行商业性捕鱼,直到在未来有可获得的足够信息表明,可以重启规划过程,以便进行商业性捕鱼活动。①

如果可以合理预见一个造成严重或不可逆转损害的威胁时,包括会对易受气候变化影响之国家造成严重损害或不可逆转的损害时,这一原则也可以用于应对气候变化。② 根据《气候变化框架公约》,"各缔约方应当采取预防措施,预测、防止或尽量减少引起气候变化的原因,并缓解其不利影响。当存在造成严重或不可逆转的损害的威胁时,不应当以科学上没有完全的确定性为理由推迟采取这类措施,同时考虑到应付气候变化的政策和措施应当讲求成本效益,确保以尽可能低的费用获得全球效益。为此,这种政策和措施应当考虑到不同的社会经济情况,并且应当具有全面性,包括所有有关的温室气体源、汇和库及适应措施,并涵盖所有经济部门。应付气候变化的努力可由有关的缔约方合作进行"。③ 很明显,预防性做法既适用于气候变化,也适用于渔业管理,因而就不难将预防性原则纳入渔业管理方面的多边、双边或单边的法律文件之中,以应对气候变化。

---

① National Oceanic and Atmospheric Administration Fisheries, Amendments to Bering Sea and Gulf of Alaska Fishery Management Plans; cited in RJ McLaughlin, "Responding to Climate Change to Fisheries and Marine Habitat in the Gulf of Mexico", in RS Abate (ed.), *Climate Change Impacts on Ocean and Coastal Law: US and International Perspectives*, Oxford: Oxford University Press, 2015, p. 102.

② ILA, supra note 17, at 21.

③ Article 3 (3) of the UNFCCC, http://unfccc.int/files/essential_background/background_publications_htmlpdf/application/pdf/conveng.pdf.

(二) 可持续发展原则

世界环境与发展委员会在其报告《我们共同的未来》中首次明确提出了"可持续发展"的概念。根据该报告，可持续发展是一种发展模式，既能够满足当代人的发展需求，又不会损害子孙后代满足其需求的能力。[1] 之后，这个概念为整个国际社会所普遍接受，并逐渐体现在国家与国际社会制定的法律和政策之中。尽管对于可持续发展有着不同的理解，但一般认为，这个概念至少包含两大要件：第一，在考虑当代人发展要求时，应当考虑到子孙后代的利益和需求；第二，在促进经济发展时，应当考虑到环境保护和保全的需要。因此，可持续发展应当反映三种公平正义：1. 代内公平——同一代人之间的公平；2. 代际公平——不同代人之间的公平；3. 对于非人类众生的公平——对自然界其他生物的公平。[2] 2005 年世界峰会会议通过的成果文件认为，可持续发展包含三个关键性组成部分：经济发展、社会发展和环境保护。[3] 然而，该文件虽然承认可持续发展对于保护全球环境很重要，但它并没有明确提到要保护子孙后代的环境权利。

提出可持续发展概念的一个主要目的就是要协调资源使用与环境保护之间的关系。根据这个概念，资源使用与环境保护之间没有矛盾，更不

---

[1] World Commission on Environment and Development, *Our Common Future*, Oxford: Oxford University Press, 1987, p. 43.

[2] D. Pearce, "Economics, Equity and Sustainable Development", *Futures*, Vol. 20, 1988, p. 600. For details on these types of justice, especially the intergenerational equity, see E. B. Weiss, "Intergenerational Equity in International Law", *Proceedings of the American Society of International Law*, Vol. 81, 1987, pp. 126 – 133.

[3] See the 2005 World Summit Outcome, UN Doc A/RES/60/1, October 24, 2005, http://daccess-dds-ny.un.org/doc/UNDOC/GEN/N05/487/60/PDF/N0548760.pdf? OpenElement.

用说冲突,而是能够相互作用。保护环境是实现资源可持续利用目标的必要条件,而资源可持续利用带来的经济收益又为保护环境奠定了基础。不过,在适用这个概念时,应当注意到两个方面:一方面,需要采取积极的保障措施,防止误用或滥用可持续发展概念,避免出现假借可持续发展这一概念但在实际上进行不可持续的发展;另一方面,可持续发展不是一种静止的固定状态,而是一种变化的进程。在这个变化进程中,资源开发、投资方向、技术发展导向和机构变革都要符合未来发展和现在发展的需要。①

因此,1992 年《里约环境与发展宣言》呼吁,世界各国一起推动可持续发展。它在几个原则中明确提到了可持续发展。例如,原则三和原则四都要求,"必须履行发展的权利,以便公正合理地满足当代和后代的发展与环境需要"和"为了达到可持续发展,环境保护应成为发展进程中的一个组成部分,不能同发展进程孤立起来看待"。② 在著名的《21 世纪议程》中,用了一整章的篇幅来讨论海洋资源的可持续发展问题,呼吁各国实现下列可持续发展目标:"沿海区,包括专属经济区的综合管理和可持续发展"、"海洋环境保护"、"可持续地善用和保护公海的海洋生物资源"、"可持续地利用和养护国家管辖范围内的海洋生物资源"和"加

---

① World Commission on Environment and Development, supra note 1, p. 9. A similar view holds that "both natural environments and human institutions are dynamic and in a state of constant flux. This means that sustainability cannot be a static concept, and that a commitment to balance must be contingent on circumstances". R. D. Lipschutz, "Wasn't the Future Wonderful? Resources, Environment, and the Emerging Myth of Global Sustainable Development", *Colorado Journal of International Environmental Law & Policy*, Vol. 2, 1991, p. 53.

② The Rio Declaration on Environment and Development, http://www.unep.org/Documents.Multilingual/Default.asp?documentid=78&articleid=1163.

强国际，包括区域的合作和协调"。① 2002年世界可持续发展峰会上通过的《约翰内斯堡宣言》则进一步强调，有必要实现可持续发展，世界各国需要通过《宣言》承诺可持续发展。② 为了贯彻落实《21世纪议程》，在联合国范围内建立了一个新机构，名叫"可持续发展委员会"，并于1993年召开了第一次会议。其他国际组织也发表了旨在实现可持续发展的类似宣言或声明。

在国际判例方面，国际法院已经认识到可持续发展的重要性。它已经发展出关于可持续发展的若干法律原则，这在最近审结的两个案件中表现得更为明显。在加布奇科沃-大毛罗斯工程（匈牙利诉斯洛伐克，1993—1997年）案（Gabčíkovo-Nagymaros Project）中，国际法院重申它在之前判决中的观点，即"环境不是一个抽象的概念，而是代表了人类的生存空间，代表了人类的生活质量和健康状况，包括尚未出生的下一代人类的健康状况。各国负有普遍义务，要确保其管辖范围内的活动符合可持续发展，要控制并尊重其他国家或国家控制范围以外地区的环境；这在当今已经成为涉及有关环境国际法的主体部分（《威胁使用或使用核武器的合法性》，国际法院报告，1996年，第241-242页，第29段。）"。③ 国际法院在判决中还指出，在环境保护方面，需要保持警惕和进行事先预防，其原因就在于环境破坏往往具有不可逆转的性质，该种损害的每一种恢复机制都具有内在的局限性。古往今来，由于经济等方面的原因，人

---

① Chapter 17 of Agenda 21, http://www.unep.org/Documents.Multilingual/Default.asp?DocumentID=52&ArticleID=65&l=en.

② The Johannesburg Declaration on Sustainable Development, http://www.bnpparibas.com/en/sustainable-development/text/Johannesburg-Declaration.pdf.

③ Case Concerning the Gabčíkovo-Nagymaros Project (Hungary/Slovakia), Judgement of 25 September 1997, para 53, http://www.icj-cij.org/docket/files/92/7375.pdf.

类不断地干扰着大自然。在过去的时间里，人类往往没有考虑到其活动对环境的影响。由于科学的新发展及人类日益认识到自身——从当代人到子孙后代——所面临的风险（风险来自于有增无减的未经深思熟虑的人类干涉活动），在过去的二十年里，新的规范和标准在大量的文件中发展起来了。无论国家筹划新的开发活动还是继续已有的开发活动，都应当把这些新的规范和标准以适当的权重考虑在内。这就需要协调经济发展与环境保护之间的关系，通过适当的方式，用可持续发展这一概念表达出来。①

国际法院在乌拉圭河纸浆厂案（阿根廷诉乌拉圭，2006—2010年）中认为，"要实现最佳与合理利用，一方面，需要在各方当事国将河流用于经济活动及商业活动的权利与将河流用于经济活动及商业活动的需要之间进行平衡；另一方面，各方当事国负有义务，防止此类活动对环境造成任何破坏"。②确切地讲，这种平衡体现的就是可持续发展原则。国际法院在讨论1975年《乌拉圭河章程》第二十七条时表示："《章程》的制定不仅反映了跨界情形下乌拉圭河沿岸各国调节其各种利益，尤其是使用共享之自然资源的需要，而且表明需要在使用河水与保护河流以便实现可持续发展目标之间达到某种平衡。"③因此，国际法院认为，"第二十七条

---

① Case Concerning the Gabčíkovo-Nagymaros Project (Hungary/Slovakia), Judgement of 25 September 1997, para 53, p. 140. http://www.icj-cij.org/docket/files/92/7375.pdf.

② Case concerning Pulp Mills on the River Uruguay (Argentina v. Uruguay), Judgement of 20 April 2010, p. 175, http://www.icj-cij.org/docket/files/135/15877.pdf.

③ Case concerning Pulp Mills on the River Uruguay (Argentina v. Uruguay), Judgement of 20 April 2010, p. 177, http://www.icj-cij.org/docket/files/135/15877.pdf.

体现了共享资源的公平利用与合理利用之间的相互联系，体现了经济发展与环境保护之间的利益平衡，而这种平衡正是可持续发展的实质所在"。① 国际法院还确认，各国"有义务'保护水生环境，尤其是有义务制定适当法律、采取适当措施，从而防止污染的产生'；在处理其管辖范围内或控制范围内发生的各种活动时，有义务本着恪尽职责原则行事"。② 根据《乌拉圭河章程》第四十一条第（a）款，在解释各缔约国保护和保全环境的义务时，应当符合环境保护和环境保全的实践；这种实践在近年来已经获得了诸多缔约国的认可。 在当今，根据一般国际法的要求，如果拟议中的产业活动可能会产生跨越国界的重大不利影响，尤其是会对共享资源产生重大不利影响时，各国有义务进行环境影响评价。③

总之，可持续发展是世界各国的一个普遍共识，其普遍实践者包括整体的国际社会，单独的国家，甚至包括公民社会（非政府组织）。④ 即使有人质疑可持续发展是否已经是一个确定的国际法原则，但可持续发展也已绝不是一个纯粹的概念，而至少是正在形成的法律原则。 实际上，可持续发展已经深入我们的日常生活之中。 可持续发展是包括渔业管理在内的海洋治理的必然要求。 环境是我们的依托所在，但却日益恶化，出现诸如全球变暖和气候变化。 在这种情形下，可持续发展的适用就更加

---

① Case concerning Pulp Mills on the River Uruguay (Argentina v. Uruguay), Judgement of 20 April 2010, p. 177, http://www.icj-cij.org/docket/files/135/15877.pdf.

② Ibid. p. 197.

③ Ibid. p. 197.

④ As Duncan French opines, while such a wide acceptance would increase the uncertainty surrounding the principle of sustainable development, it also "generates endless possibilities for its future elaboration". See Duncan French, "Global Justice and the (Ir)relevant of Indeterminacy", *Chinese Journal of International Law*, Vol. 8 (3), 2009, p. 597.

重要了。

气候系统是人类社会的共同自然资源,需要满足当代人及子孙后代的利益需要;要实现可持续发展,就需要各国在经济发展、社会发展与气候系统保护之间实现平衡,就需要各国支持各代人类权利的实现,使之享有适当的生活标准,并对由此产生的各种利益进行公平分配。① 《气候变化框架公约》规定,其目标是"将大气中温室气体的浓度稳定在防止气候系统受到危害的人为干扰水平之上。 这一水平应当在足以使生态系统能够自然地适应气候变化,确保粮食生产免受威胁并使经济发展能够可持续地进行的时间范围内实现"。② 为了实现这些目标,《公约》规定了若干原则,包括"为人类当代和后代的利益保护气候系统"的原则以及"促进可持续的发展"原则。③ 根据《气候变化框架公约》,各缔约国有义务"促进可持续的管理,并促进和酌情维护和加强……汇和库,包括生物质、森林和海洋以及其他陆地、沿海和海洋生态系统"。④

联合国《生物多样性公约》与渔业管理的关系更加密切。 与《气候变化框架公约》一样,《生物多样性公约》也旨在保护环境和促进可持续发展,以便保护生物多样性,使用其组成部分,实现可持续发展。⑤ 《生物多样性公约》规定了一系列标准,涉及对于生物多样性各组成部分的可持续性使用,这些使用涉及"(a) 在国家决策过程中考虑到生物资源的保护和持久使用;(b) 采取有关利用生物资源的措施,以避免或尽量减少对生物多样性的不利影响;(c) 保障并鼓励那些按照传统文化惯例而

---

① ILA, supra note 17, pp. 4 - 5.
② Article 2 of the UNFCCC.
③ Article 3 of the UNFCCC.
④ Article 4 (1) of the UNFCCC.
⑤ Article 1 of the UN Convention on Biological Diversity.

且符合保护或持久使用要求的生物资源习惯使用方式;(d) 在生物多样性已减少的退化地区支助地方居民规划和实施补救行动;(e) 鼓励其政府当局和私营部门合作制定生物资源持久使用的方法"。①

(三) 生态系统方法

正如我们所知,《南极海洋生物资源养护公约》(CCAMLR)支持采取生态系统方法,以便管理整个南极周边海域。该方法不同于有关渔业的其他公约,如国际捕鲸委员会、北大西洋渔场组织(NAFO)、国际东南大西洋渔业委员会(ICSEAF)订立的公约,《南极海洋生物资源养护公约》的目的在于持续获得目标物种的收获量以及持续获得依赖于这些物种的产业所带来的福利。② 之所以确定这个目的,是因为人们确信并认识到,环南极洲的水域形成了一个独特的海洋区域。因此,人们一开始就认为,要对这一区域进行生态系统管理,就需要使其覆盖的区域大于《南极条约》的调整范围。早在1977年,《南极条约》协商国就达成一致协议:该协定不仅适用于《南极条约》调整的地区,也应当适用于"南纬60度以北地区,以便根据需要对南极生态系统的物种进行有效保护"。③ 这

---

① Article 10 of the UN Convention on Biological Diversity.

② M. Basson and J. R. Beddington, "CCAMLR: The Practical Implications of an Ecosystem Approach", in A. Jorgensen-Dahl and Willy Ostreng (eds.), *The Antarctic Treaty System in World Politics* (MacMillam, 1991), p. 54. Adriana Fabra and Virginia Gascón, "The Convention on the Conservation of Antarctic Marine Living Resources (CCAMLR) and the Ecosystem Approach", *International Journal of Marine and Coastal Law*, Vol. 23, 2008, pp. 567 – 598.

③ Tucker Scully, William Brown and Bruce Manheim, "The Convention for the Conservation of Antarctic Marine Living Resources: A Model for Large Marine Ecosystem Management", in K. Sherman and L. M. Alexander (eds.), *Variability and Management of Large Marine Ecosystems* (Boulder, Colorado: Westview Press, 1986), p. 282.

样,《南极海洋生物资源养护公约》的适用范围就扩大到南极幅合带或者极锋地区。南极幅合带或极锋地区是一个复杂的过渡地带,位于南纬45度至60度之间;在这里,下面的南极海水更加寒冷,上面的海水向北流去,更加温暖。

据《南极海洋生物资源养护公约》第二条,生态系统方法包含三个基本要素或保护原则:最大净增量、维护生态关系以及防止南极海洋生态系统中任何物种发生不可逆转的数量递减。

根据第一条保护原则,在进行捕捞及与之相关的活动时,应当防止任何捕捞对象的数量低于能保证其稳定补充的水平。为此目的,其数量不应低于接近能保证年最大净增量的水平。年最大净增量是对于捕捞量的最终限制。如果数量低于这个水平,打捞就必须恢复到能保证年最大净增量的水平,或者停止捕捞。对于捕捞活动的终极限制不仅适用于磷虾、鱼类和鲸鱼这些主要的捕捞目标,也适用于与打捞对象直接或间接相关的其他物种的数量。①

根据第二条保护原则,在进行捕捞及与之相关的活动时,应当防止在20或30年内在海洋生态系统中发生不可逆转的变化,或者使这些变化的风险最小化。根据这一原则,人工选择及生态变化会带来适应性变化,从而使得南极生态系统恢复原状,能够再次进行打捞及与之相关的活动。因此,第一条保护原则限制了捕捞对象的数量,以防止人类利用使其数量发生改变;第二条保护原则设定了一个速率,规定虽有数量变化但必须可以恢复。

根据第三条保护原则,《南极海洋生物资源养护公约》的各缔约国应当维护南极海洋生物资源中被捕捞的、从属和相关种群之间的生态关系,将枯竭的种群恢复至年最大净增量的水平。该规定要求,各国应当规定,在指定的海洋保护区域内,除非其生态系统在结构和功能两方面都恢

---

① Scully et al, ibid., p. 283.

复至捕捞发生前的状态,否则不得在该保护区域内进行捕捞活动。在南冰洋地区建立这些保护区时,应当建立一种对冲机制,防止不确定性情形的产生,防止在其他地区非故意捕捞的风险发生。①

有学者认为,《南极海洋生物资源养护公约》中的生态系统保护标准是国际协定在生物资源管理方面的重要创新。② 它的目的在于将海洋生态系统作为一个整体进行保护,并同时保护生物物种。然而,由于缺乏有效的执行机制和关于整体海洋生态系统的全面科学数据,在该条约的执行中出现不少问题。③ 其次,对于《南极海洋生物资源养护公约》保护原则中的术语"合理使用",迄今尚未给出明确的定义。例如:如何使用、使用到何种程度是合理的。再次,自从《南极海洋生物资源养护公约》生效以来,生态系统标准从来没有得到有效执行,尤其是保护措施形

---

① Scully et al, ibid., p. 285.

② T. Scully, "The Convention on the Conservation of Antarctic Marine Living Resources—A Case Study", in L. M. Alexander, S. Allen and L. C. Hanson(eds.), *New Developments in Marine Science and Technology*: *Economic, Legal and Political Aspects*, 22 Law of the Sea Institute Proceedings, 1989, p. 138.

③ M. W. Holdgate, "Antarctica: Ice Under Pressure", *Environment*, 1990, 32(6), p. 9. The ecosystem standard has been criticised that Article Ⅱ, p. 3(a), which sets as the criterion for the protection of species, that they not be harvested below the level which ensures the greatest net annual increment, is suitable for those predatory species at the top of the food chain, but not suitable for prey species. See J. G. Gardam, "Management Regimes for Antarctic Marine Living Resources—An Australian Perspective", *Melbourne University Law Review*, 1985, 15, p. 302. Someone even argued that Article Ⅱ, which sets out the ecosystem approach, was impractical; not enough was known about the Antarctic marine ecosystem to enable it to work if the pressure to take krill increased and it could therefore, become a source of weakness. See J. A. Heap, "Has CCAMLR Worked? Management Policies and Ecological Needs", *International Challenges*, 1990, 10(1), p. 15.

成太晚,以至于有些物种和地区已经被过度开发了。① 在此背景下,要有效执行《南极海洋生物资源养护公约》规定的生态系统标准,就需要进一步明确可持续发展的概念,将其适用于预防原则之中:如果对于人类对各物种的捕捞量收集了足够的科学数据,则应当准许进行捕捞,但其捕捞需要满足可持续发展条件,不得超过总可捕捞量,必须确保能对捕捞物种进行最大程度的净补充。对于缺乏足够科学数据的那些物种,在获得进一步的科学数据之前,应当严格控制其捕捞量或者禁止对其进行捕捞。总之,对于任何捕鱼活动,如果没有完全遵守生态系统标准,都应当在禁止之列。

通常情况下,生态系统方法会纳入国际渔业法律之中,但生态系统方法是否适用于气候变化的国际规则仍有可讨论的空间。不过,生态系统方法正确地表明,"如果只考虑生态系统方法,不考虑气候变化,将会导致不幸结果的发生"。② 另一方面,"气候变化是一个关键性因素,会推动建成一个基于渔业管理的生态系统,原因就在于它会对整个渔业系统产生普遍的影响"。③

(四)共同但有区别的责任原则

根据《联合国气候变化框架公约》第三条,"应当充分考虑发展中国家缔约方尤其是特别易受气候变化不利影响的那些发展中国家缔约方的具体需要和特殊情况,也应当充分考虑那些按本公约必须承担不成比例或不

---

① F. Orrego Vicuna, "The Implementation of CCAMLR: Is the Decision-Making Machinery Conducive to Good Management?" *International Challenges*, 1990, 10(1), p. 9.

② David Fluharty, "Decision-Making and Action Taking: Fisheries Management in a Changing Climate", *OECD Food, Agriculture and Fisheries Papers*, OECD Publishing, No. 36, 2011, p. 9. http://dx.doi.org/10.1787/5kgkhnb9gpth-en.

③ Fluharty, ibid., p. 15.

正常负担的缔约方特别是发展中国家缔约方的具体需要和特殊情况"。该公约第四条根据共同但有区别的责任原则，规定了发展中国家和发达国家在条约下的诸义务。人们普遍认为，保护气候系统是《联合国气候变化框架公约》各缔约国的共同责任；这一共同责任源于各缔约国对于气候变化及其不利影响的共同关心。① 各缔约国的共同责任是，进行合作，建立气候变化体制；为了当代人和子孙后代，采取各种步骤，保护气候系统，努力实现《公约》规定的目标。② 共同的责任要求，各缔约国制定政策，采取措施，开展国际合作，应对气候变化及其不利影响（《气候变化框架公约》第四条第一款），以保护可持续发展。③

在有区别的责任方面，形成的共识是，在气候变化应对体制下，各缔约国的责任虽非全部，但大多需要根据具体情况区别对待。④ 这种做法符合《里约宣言》规定的第七条原则，符合其他多边环境协定的实践。有区别的责任也体现在《气候变化框架公约》附件一与《公约》其他部分的责任区别上，体现在根据《气候变化框架公约》第四条对经济转型缔约国与最不发达缔约国的责任区别上，体现在《柏林任务书》及《京都议定书》附件一所列国家与其他国家之间的责任区别上，体现在《巴厘行动计划》中发达国家与发展中国家之间的责任区别上。⑤ 《哥本哈根协议》和《坎昆协议》都规定，应当区别对待附件一所列国家与其他国家的"目

---

① ILA, supra note 17, p. 14.
② Ibid. UNFCCC Article 3(1).
③ Ibid.
④ Ibid.
⑤ ILA, supra note 17, p. 14.

标"与"行动"。① 自 2007 年以来,根据《巴厘行动计划》、《哥本哈根协议》(2009 年)、《坎昆协议》(2010 年)和《德班增强行动平台》(2011 年),在气候谈判上取得了诸多进展,这表明:越来越多的支持者认为,在减缓行动方面、在行动上实现更大平等方面、在承诺方面,应当对发展中国家与发达国家进行区别对待,应当将它们与某些发展中国家区别对待。②

  一些大的发展中国家,如中国和印度,经常在任何气候谈判中使用共同但有区别的责任原则。 例如,中国在 2007 年 9 月向国际民航组织(ICAO)提交了一份工作文件,题为"'以共同但有区别的责任原则'为基础处理航空减排",③并与印度一起于 2008 年 8 月向国际海事组织(IMO)提交了题为"'共同但有区别的责任'在国际航运温室气体减排中的适用"的文件。④ 据此认为,一个条约如果在有利于发展中国家的区别待遇方面规定甚少,但却包含着有利于全体缔约国的大量灵活性规定,将会有助于使之成为 2015 年气候协定谈判的上选标准。⑤ 根据 2015年 12 月通过的《巴黎协定》,在执行《巴黎协定》时,应当考虑到各缔约国的不同情形,应当体现平等原则和共同但有区别的责任原则,应当体现

---

  ① For developed countries, they have the "qualified economy-wide emission reduction targets" and for developing countries, they should carry out "nationally appropriate mitigation actions". Ibid., p. 15.

  ② Ibid., p. 18.

  ③ A36-WP/235 (18 September 2007)

  ④ MEPC 58/4/32 (15 August 2008).

  ⑤ Duncan French and Lavanya Rajamani, "Climate Change and International Environmental Law: Musings on a Journey to Somewhere", *Journal of Environmental Law*, 2013, 25(3), p. 443.

各缔约国的相应履约能力。①

虽然共同但有区别的责任原则已经构成气候变化总体法律框架的关键性标准,但该原则可能并不直接适用于渔业管理。尽管财政援助及/或技术转让不时体现在渔业协定之中,但在各渔业协定中,并没有明确提及要对发展中国家和发达国家进行区别对待。因此,有趣的事情就是,共同但有区别的责任原则是否会适用于未来的渔业管理。

除了上述法律原则外,用于应对气候变化的其他原则也可以适用于渔业管理。这些原则包括最佳管理实践和基于生态系统的管理。合作的一般原则适用于各个领域。为了考察这些原则在气候变化语境下的适用性,下文将对一个案例进行研究。

三、原则的适用性验证:中日渔业协定

本案例研究关注的焦点是中国与日本之间的渔业协定。正如我们所知,中国和日本都面临东海,两国渔民自古以来就在那儿进行捕鱼活动,历时数个世纪。在两国建立正式外交关系之前,两国已经分别于1955年、1963年和1965年签订了非政府间的渔业协定。

中、日两国建立外交关系之后,开始就政府间渔业协定进行磋商。中、日两国政府终于在1975年8月15日签订了《中华人民共和国和日本国渔业协定》,并自1975年12月23日起生效。② 该协定分别在1978年

---

① Article 2 of the Paris Agreement, https://unfccc.int/resource/docs/2015/cop21/eng/l09.pdf.

② Text in Fishery Administrative Bureau, Ministry of Agriculture, PRC (ed.), *Sino-Japanese Governmental Fishery Agreements and Non-Governmental Protocols on the Safety of Fishing Operations* (in Chinese), April 1993, pp. 1-19.

和 1985 年经过两次修订。① 与非政府间协定相比，1975 年中日渔业协定虽然引入了更加严格的保护措施，但其内容在很大程度上与非政府间协定仍然相同。

1994 年，《联合国海洋法公约》生效，标志着中日之间渔业关系新时代的开始。两国都建立了专属经济区，其依据均为《海洋法公约》的有关条款和各自国内法的规定。由于东海最宽处不足 400 海里，因而东海专属经济区的整个海域由中国、日本和韩国共享。中、日两国之间的渔业关系不可避免地需要进行新的调整。经过几轮谈判，中、日双方终于在 1997 年 9 月达成了关于东海渔业管理的协定。② 这份新的渔业协定于 2000 年 6 月 1 日起生效。

1997 年《中日渔业协定》包含一些重要条款，以便适应变化了的形势：（一）确认了渔业资源的保护和保全原则：根据《海洋法公约》的相关规定和《21 世纪议程》的环境保护要求以及其他国际法律文献，协定包含的目标之一就是建立符合《海洋法公约》的渔业新秩序，保护和合理利用共同关心的海洋生物资源，维持海上惯常渔业作业秩序。中、日双方同意，进行合作，开展渔业科学研究，保护海洋生物资源。③ 中、日双

---

① They are concerned with the establishment of a horsepower restriction line inside which trawlers and purse seiners of 600hp or more are prohibited to enter; closed areas or suspension areas which are completely closed during designated periods; and fishing restrictions concerning minimum body length, minimum mesh size, light intensity fish-attracting devices, incidental catch limit. See Mark J. Valencia, *A Maritime Regime for Northeast Asia* (Hong Kong: Oxford University Press, 1996), p. 258.

② Fishery Agreement between the People's Republic of China and Japan, 11 November 1997. An unofficial English translation is available in Zou Keyuan, *Law of the Sea in East Asia: Issues and Prospects*, London: Routledge, 2005, pp. 175 – 180.

③ Article10 of the Sino-Japanese Fishery Agreement.

方均应采取必要措施,确保本国国民及渔船在缔约另一方专属经济区从事渔业活动时,遵守本协定的规定以及缔约另一方有关法令所规定的海洋生物资源的养护措施及其他条件;中、日双方均应及时向缔约另一方通报本国有关法令所规定的海洋生物资源的养护措施及其他条件。① (二)相互提供互惠的捕鱼权:1997年《中日渔业协定》适用于两国的专属经济区。 不过,该协定并不适用于两国的全部专属经济区,而是排除了北纬27度以南的东海协定水域以及东经125度30分以西的东海协定水域;中、日双方争议的钓鱼岛(日方称"尖阁岛")位于后一海域内。 中、日双方均应根据互惠原则,按照本协定及本国有关法令,准许另一方的国民及渔船在本国专属经济区从事渔业活动。 中、日双方的授权机关,均应按照本协定的规定,向另一方的国民及渔船颁发有关捕鱼的许可证,并可就颁发许可证收取适当费用;向对方发放捕鱼许可证的,应当遵守协定的相关规定。 发放多少张许可证,允许对方国民和渔船在己方专属经济区内捕捞多少吨的鱼,是一个复杂而难以确定的问题,需要中日双方进行讨论并达成一致。 (三)设置暂定措施水域(PMZ):1997年《中日渔业协定》创设了暂定措施水域;它位于东海中部海域,距离中国大陆海岸领海基线52海里,分别在琉球群岛北部海岸外围与北纬34度40分纬线、在其南端外围与北纬27度纬线平行。 为了保护暂定措施水域及其渔业资源的质量,缔约双方应当根据中日渔业联合委员会的决定,采取适当的管理措施,以便保护海洋生物资源,使之免受过度开发的危害。 对于在暂定措施水域内从事渔业活动的本国国民及渔船,中日双方应采取管理及其他必要措施。 缔约各方在该水域中,不对从事渔业活动的缔约另一方国民及渔船采取管理和其他措施。 在任何两个国家之间,中日之间建成的

---

① Article 4 of the Sino-Japanese Fishery Agreement.

这种共同渔业区都是一种典型的在共享水域内进行的渔业合作。虽然在世界上有诸多类似的例子，但暂定措施水域的崭新之处就在于它是中日之间第一个这样的水域。这表明，中、日两国之间的渔业合作已经进入了一个新时代。（四）设置联合渔业委员会：为实现本渔业协定的目的并协调各自的渔业管理程序，中、日双方设立了中日渔业联合委员会，其成员由缔约双方政府各自任命的两名委员组成。该委员会的决策需要取得委员会成员的全体一致同意。缔约双方必须尊重联合渔业委员会的建议，根据联合渔业委员会的决定，采取各种必要措施。委员会每年召开一次会议，可在中国也可在日本举行，但在必要时，可以举行临时会议。[1]

从上文可以看出，中国与日本之间签订的渔业协定，虽然规定了与气候变化体制/法律间接相关的某些保护措施，但它本身只不过是对《海洋法公约》的一个积极响应，没有考虑到气候变化的任何因素。在有关渔业管理的国内立法中，也存在着这种法律现象。例如，1976年制定的美国《麦格森-史蒂芬渔业保护与管理法》（MSA）经过1996年和2006年两次修改，虽然增加了保护的重点并强化了科学在决策中的作用，但"该法并没有明确提到气候变化或者特别提到科学确定性的程度"。[2] 因此，值得研究的是各国在最近时期达成的一些渔业协定，以便发现它们是否考虑到了气候因素。除了双边渔业协定外，气候变化也应当是未来制定国际层面、地区（北太平洋）层面、双边层面或者甚至国内层面渔业法必须考虑到的一个要素。为此目的，未来在谈判渔业协定时，不仅应当将前述法律原则纳入渔业协定，也应当规定某些特别措施；这些措施包

---

[1] Article 11 of the Sino-Japanese Fishery Agreement.
[2] RJ McLaughlin, supra note 22, pp. 100 - 101.

括：渔船减排，提高燃料效率；削减捕捞量，加大产量的可变因素等。

四、有待讨论的其他问题

由于在渔业管理和气候变化方面进行国际治理的复杂性，相当多悬而未决的问题需要处理。首先是碳储存（CCS）对渔业的影响以及我们应如何对这种影响进行规制。某些气候减排和适应措施可能会对海洋环境产生重大影响，例如，碳捕获和碳储存曾被吹捧为减排技术，声称它可以强化减排效果，但如果处理不当及/或管理不当，它也可能导致储存的二氧化碳向海洋发生重大泄漏。① 气候地质工程（geo-engineering）就是一个类似性质的问题。

《〈防止倾倒废物及其他物质污染海洋的公约〉1996年议定书》在2007年进行了修订，在附件一清单中增加了一个新类别，清单列明了可以考虑倾倒的废物及其他物质，因此允许在海底下面的地质结构中储存二氧化碳。② 在《1996年议定书》中，各缔约国采纳了"关于二氧化碳海底地质结构隔离的风险评估和管理框架"（CS‐SSGS）以及"关于排放至海底地质结构的二氧化碳流评估特别指导原则"。1992年《保护东北大西洋海洋环境公约》（OSPAR）也通过了一个类似的修正案，允许在海底下面的地质结构中储存二氧化碳；保护东北大西洋海洋环境公约委员会通过了一个指南，对其储存做了补充规定。③ 现在的问题是：这些规定是否足够，特别是，对包括鱼类在内的海洋生物资源进行养护的规定是否足够？立法者们考虑到这些活动对于渔业的影响了吗？

---

① ILA, supra note 17, p. 37.
② ILA, ibid., p. 39.
③ Ibid.

其次是鱼类贸易与气候变化之间的关系。人们公认的是，除了渔船本身会进行燃料排放外，鱼类产品的生产运输是渔业领域排放的主要因素。① 应当指出的是，正如前述中日渔业协定那样，渔业的上游服务很少成为渔业协定考虑的因素。然而，为了帮助减排和适应气候变化，就应当制订出一个全面的渔业管理计划，至少应当在渔业活动的上下游业务之间进行某些协调。

最后但并非最不重要的因素是，气候变化背景下沿海村落的生计问题与渔业管理之间的联系。有人主张，要加大对海洋保护区的使用，将其作为气候变化的一种应对策略，以便保护受到威胁的海洋生态系统。② 这无疑是一个积极的呼吁，但要建立更多的海洋保护区，可能就会影响到捕鱼村落和渔民的生计。常设仲裁法院受理的查戈斯群岛海洋保护区一案（毛里求斯诉英国，2010—2015年）就是一个例子。在该案中，毛里求斯质疑英国在查戈斯群岛周围设立海洋保护区的行为：该保护区延伸至查戈斯群岛基线200海里外，覆盖面积超过50万平方千米。③ 毛里求斯提出的一个法律挑战就是，"从根本上讲，海洋保护区不符合《海洋法公约》规定的权利与义务，包括不符合毛里求斯依据《海洋法公约》享有的对查戈斯群岛及对周围水域的捕鱼权"。④ 查戈斯群岛海洋保护区案表

---

① Clare Shelton, "Climate Change Adaptation in Fisheries and Aquaculture: Compilation of Initial Examples", *FAO Fisheries and Aquaculture Circular*, No. 1088, 2014, p. 3.

② Robin Kurdis Craig, "Ocean Governance for the 21st Century: Making Marine Zoning Climate Change Adaptable", *Harvard Environmental Law Review*, 2012, 36, p. 305.

③ Award 18 March 2015, para 5, http://www.pca-cpa.org/MU-UK%2020150318%20Awardd4b1.pdf?fil_id=2899.

④ Award 18 March 2015, para 8, http://www.pca-cpa.org/MU-UK%2020150318%20Awardd4b1.pdf?fil_id=2899.

明,在实施任何环境保护措施时,有必要考虑到当地捕鱼村落的需要和利益。

五、结　语

国际律师协会在2014年发布了一份详细报告,分析了国际法在处理气候变化中的作用,提出了气候正义的概念。[①] 气候正义意味着,要认识到气候变化是事关人权与人类发展的事情,全球变暖的受害者不应当对全球变暖负责;[②]气候正义也意味着共同的责任。[③] 正如玛丽·罗宾逊指出的那样,"气候变化的唯一解决方案就是公平,就是保护人权和维护法治"。[④] 就渔业管理和渔业法律制度而言,可以确定的是,从时间上看,无论是在国际层面、地区层面或者国内层面,政策/法律制定者们都应当考虑到气候变化因素了,都应当将这些因素考虑到它们的气候政策和渔业法律之中。

最后,需要强调的是,气候变化对南海会造成很大的影响,如海平面上升可能造成南海部分岛礁被淹没,海水的酸化正在威胁南海"珊瑚型"岛礁,海水温度的升高加剧了南海生态系统的恶化。 气候变化引起的海洋表层温度升高、CO_2浓度的上升、降雨量变化和海洋水文结构变化以及紫外线辐射增强等是对海洋生物多样性影响最为重要的生态因子。 南海

---

① International Bar Association, Achieving Justice and Human Rights in an Era of Climate Disruption, *International Bar Association Climate Change Justice and Human Rights Task Force Report*, July 2014.

② Mary Robinson, "International law is coming up short in its response to climate change", *The Guardian*, January 9, 2015, http://www.theguardian.com/sustainable-business/2015/jan/09/mary-robinson-law-coming-up-short-climate-change.

③ Ibid.

④ Ibid.

海域有品种繁多的鱼类、珊瑚和海藻,海洋环境的改变对这些海洋生物的物种分布和存活产生直接影响。全球气候变暖使得暖水性种类种群数量增加、栖息范围扩大,而使冷水性种类种群数量下降、栖息范围缩小。因此,针对气候变化的南海渔业管理就甚为重要。气候变化的威胁使得南海区域治理成为可能,同时也加强了南海各国的国际合作。可以相信,在南海渔业管理的区域机制中,本文所论述的国际法原则和规范可以为南海各国所认真考虑和适用。

会议综述

"2016年海峡两岸南海问题学术研讨会"综述

陈平平[①]

2016年8月25—26日,由中国南海研究院举办的"2016年海峡两岸南海问题学术研讨会"在海南省海口市召开。本次会议为期两天,主题为"南海仲裁案裁决:两岸关系的挑战与合作"。来自海峡两岸近80名专家学者及新闻媒体代表围绕"南海仲裁案裁决分析:法律视角"、"南海仲裁案裁决分析:安全外交视角"、"南海仲裁案裁决对两岸关系的影响"、"南海仲裁案与两岸南海合作"和"两岸共同应对南海仲裁案的展望"等议题进行了深入地探讨。

中国南海研究院院长吴士存和台湾政治大学台湾安全研究中心执行长刘复国做开幕主旨演讲。吴士存在主旨演讲中指出,菲南海仲裁案裁决将对两岸南海权益主张产生多个层面的负面影响,两岸依据南海断续线的主权、权益和历史性权利主张将被"弱化",海域主张也将被"碎片化",未来我国在南海油气资源开发、维权护渔、南沙群岛领海基线等方面所面临的困难和挑战加大。吴士存认为,仲裁裁决不利影响是两岸面临的共同挑战,但也可能给蔡英文当局清晰阐述其南海政策,"切割"与大陆南海立场主张提供了机会。未来台湾蔡英文当局南海政策走势可能沿着"切割大陆、追随美

---

① 陈平平,中国南海研究院海洋经济研究所副所长。

日、迎合东盟、谋求'台独'"趋势演进。他建议,未来两岸南海合作应当坚持学术交流、维护机制、聚焦仲裁、等待时机、顺势而为,通过加强两岸专家学者交流和合作研究,防止蔡英文当局南海政策"急速倒退",共同应对仲裁裁决所带来的挑战。

刘复国认为,当前南海仲裁案的法律过程虽暂告段落,但安全、外交层面影响逐步凸显,有关国家将日益突出地以实际行动挑战两岸南海主张。蔡英文南海立场主张的退缩,强调更多参与"多边机制"的政策作为,可能导致台湾在南海问题上进一步被"边缘化"。刘复国建议,多年来两岸南海学术交流机制在南海维权中扮演着重要的角色,在当前两岸关系停滞的背景下,两岸专家学者应围绕重点议题,开展建设性的研讨合作,凝聚共识,保持两岸在南海研究上的同步,为官方决策提供可操作性建议,并以实际行动展现两岸合作姿态。

议题一 南海仲裁案裁决分析:法律视角

本议题主要从法律角度来分析南海仲裁案的裁决,重点讨论了历史性权利和南海断续线,南沙群岛岛礁地位和南沙群岛领海基线等内容,并分析了裁决结果对未来国际法发展的影响。

国际海洋法法庭法官高之国法官在题为"南海仲裁案的评析——兼议对两岸关系的影响"报告中对南海仲裁案仲裁庭的裁决结果进行了综合评析,认为仲裁庭裁决结果出台后举世哗然,裁决结果的广度、深度和偏颇程度也令国际社会大跌眼镜。高之国认为裁决的实际效力有限、作用不大。高法官认为两岸在南海议题上是利益和命运共同体,或许南海仲裁案的裁决可以起到"负负得正"的作用,在两岸关系比较困难的情况下,为双方提供一个不可多得的对话合作领域。

英国中央兰开夏大学法学院终身教授、浙江大学光华法学院邹克渊教授对此也表达了相同的看法，认为尽管目前两岸围绕南海问题仍是"各自表述"，但双方维权的核心价值和法理基础是相通的。邹教授从仲裁案对国际海洋法发展之影响角度进行论述，认为南海仲裁案这场闹剧谢幕之"杰作"当属仲裁庭一边倒的所谓裁决。这个"杰作"不仅否决了中国在南海的主权、主权权利和正当的海洋权益，而且也对国际海洋法的发展带来了不可预测的影响。特别是针对有关历史性所有权和岛屿制度的"创造性"解释，对海洋法发展和国际法治都带来负面影响。

山东大学法学院戴宗翰副教授则具体从岛屿制度的实践角度来分析南海仲裁案，质疑仲裁庭的裁决结果是在明确标准还是制造争端？戴宗翰认为，南海仲裁案中，菲律宾主张将太平岛降格为"岩礁"的目的在于排除中菲之间潜在相当大的专属经济区重叠区，借此让中国在南海的行为非法化。而本案仲裁庭在审查太平岛法律地位时对"维持人类居住或其本身的经济生活"此一模糊法律用语，采用可饮用水、植物跟生物、土壤农作物、渔民活动以及商业活动等五大因素作为标准予以法律解释。对此，五位仲裁员做了《公约》当时各国谈判代表所不敢也不愿意做的事情，就是把《公约》第121条第3款予以明确化的法律解释，但细究仲裁庭的法律解释则可轻易发现，五位仲裁员自行设立所谓五大因素的审查标准，其中充斥着法官自由心证以及实践上的困难。这样扩张性的解释除衍生"法官造法"的问题外，在缺乏国际实践的可能性下，反而制造更多的法律争端。

中国海洋石油总公司能源经济研究院张良福研究员从南海仲裁案的裁决来论证我南海断续线的法律地位与含义。张良福认为仲裁庭把断续线狭义解释成历史性权利，又以不符合《公约》要求来否认历史性权利的存在，进而否定断续线。同时仲裁庭以南海断续线内部分海域在南海诸岛或海南岛200海里范围之外来否定断续线的权利，这些做法都是荒谬的。

由此看出仲裁庭在断续线的认定事实、证据方面草率而为。因此我国应坚持以现代国际法,特别是《联合国海洋法公约》的概念来明晰断续线主张,积极推动国际海洋法律制度的发展和完善。

议题二 南海仲裁案裁决分析:安全外交视角

本议题主要从安全和外交视角来分析南海仲裁案的裁决,并重点讨论分析美国、日本、菲律宾等国的南海政策和南海形势变化等内容。

台湾政治大学安全研究中心副执行长胡瑞舟教授从安全和战略意涵方面来评估南海仲裁案,认为菲律宾从昔时窃占岛礁,俨然成为现今国际认证的"合法赢家";台湾既非被诉对象,甚至未签《联合国海洋法公约》或参与仲裁,居然遭受重创;中国屡次声明"不接受、不参与、不承认"仲裁及其结果,但仍须面对国际压力;美国警告各方都应接受裁决并呼吁维护世界秩序,而其不但过往有拒遵守国际法院判决的记录,更至今仍未批准《公约》。南海仲裁非但没有平息争端,反而为激化区域冲突带来不确定变数。

台湾政治大学外交学院教授兼国际事务学院院长李明教授从安全和外交观点来对仲裁裁决进行分析,认为针对"一边倒"的南海仲裁裁决,中国的响应快速。首先,中国指出,菲律宾违反中菲协议,即双方须事先友善协商;其次,中方强调菲国单方提出仲裁是恶意的,中方重申一贯的"不接受、不参与、不承认"政策。美国从其"亚太再平衡"和遏制中国的战略出发,要求中国执行裁决,也拉住日本和菲律宾、越南等国组成一道防线,东亚地区因此出现新的中美军事较量,军备竞赛呼之欲出。不过,在紧张局势开展的同时,中方也展现了相当的忍让和外交操作的弹性空间,目前中国大陆和美国、东盟等国的外交动作屡屡出现,冀以维护当地的稳定与安全和避免大型国际冲突。

澳大利亚国立大学、中国南海研究院兼职研究员张锋研究员主要从裁决结果出台后，美国、澳大利亚、日本和东盟等国家和地区的反应的角度来评估仲裁案后南海地区的外交和战略局势。张研究员认为，7月12日仲裁结果公布后，美国在外交和舆论上表现克制，但在军事与经济领域并未有所变化，防止中国取得对南海的战略控制权仍将是美国南海政策的核心目标。澳大利亚发表针对裁决的强硬声明，一方面是因为美国的压力，另一方面也有国内政治的因素，但最关键的是澳还没有想好什么样的对华战略最符合澳国家利益。日本介入南海问题，是要增加中国外交的成本，为组建一个制衡中国的地区安全体系服务，同时也可牵制中国在东海的战略攻势。东盟认为最近这一轮的南海争端严重损害了它的内部团结和在地区事务中的主导地位，因此会寻求新的措施强化自己的地位。总体而言，值得关注的是东盟声索国是否会逐渐联合起来以裁决为基础要求与中国谈判，以及域外国家是否会为这一立场提供战略支持。

台湾淡江大学国际事务与战略研究所翁明贤教授从建构区域安全复合体理论的角度来分析南海仲裁案裁决后的亚太安全形势，认为在南海仲裁案裁决前，由于美国提出亚太再平衡政策，驱动中美战略竞逐亚太地区，造成本地区安全态势的"合纵"与"连横"现象。而仲裁后，通过"区域安全复合体理论"的四个因素：边界、无政府结构、极性和社会建构，来分析当前形势下南海安全结构未来的走向是维持现状、内在变革还是外在变革。通过分析认为，目前亚太"地区安全复合体"无法维持现状，而是透过"外在变革"的驱动，引发"内在变革"的讨论，走向一个"超级安全复合体"的形态。最后认为，南海仲裁案是美国重返亚太和亚太"再平衡"战略的具体体现；南海仲裁案凸显了亚太传统的战略框架，即经济靠中国，安全靠美国；南海仲裁案加剧了亚太地区的军备竞赛和对东盟组织未来的发展表示了担忧。

议题三　南海仲裁案与两岸南海合作

本议题主要从法律角度来分别分析裁决对中国大陆和中国台湾南海主张的影响、两岸对南海主张的异同之处和两岸合作的重点等内容。

台湾南华大学国际事务与企业学系孙国祥副教授从裁决中对太平岛的论述出发分析仲裁后的两岸南海合作。认为裁决对两岸主张的影响是方方面面的，尤其对南海断续线和岛屿的界定造成深刻影响。台湾的南海政策不仅仅是"事实主权"和"法理主权"的问题，也关乎台湾的战略生存空间、两岸关系和"新南向政策"，以及与美国、日本的关系，蔡英文当局推动相关政策的回旋空间不大，马英九执政后期采取的积极政策也对蔡当局的政策调整构成牵制。蔡英文对断续线的态度值得关注。两岸在南海开展更多的事务性合作已成为维系两岸关系和平稳定的"不二法门"。

上海社会科学院中国海洋战略研究中心主任金永明研究员认为，南海问题的核心争议是南沙岛礁领土争议及海域划界争议，以及南海断续线的性质及线内水域的法律地位。未来两岸加强有关南海断续线、历史性权利和岛屿制度等领域的合作是一个可行的路径。

上海交通大学凯原法学院特聘教授薛桂芳教授从学术界未来如何应对仲裁的角度来进行讨论。薛教授认为，针对南海仲裁案裁决结果中的瑕疵、漏洞和不公正，应从国际法和国际关系相结合的角度来逐条分析、批驳。未来两岸可以在海上执法和海上环境保护方面进行合作。

华东政法大学海商法与海洋法史研究所郑志华所长则从"确有事实根据"的证明标准角度来论证《联合国海洋法公约》附件七第9条在南海仲裁案中的适用。郑所长认为，《公约》附件七第9条规定，"仲裁庭应当查明对该争端确有管辖权，而且查明所提要求在事实上和法律上均确有根据"，尽管该标准是一个主观标准（satisfy itself），但这一证明标准对于证据审查是否前后一致,是否符合常识,是否符合仲裁庭在仲裁规则以及案件审理过程中是否做出允诺,是否符合其应当秉承的客观中立的立场均有较高要求,以确保裁决"确有事实依据"。通过分析,郑所长认为在南海仲裁案中,仲裁庭在证据采信以及事实认定方面有瑕疵,未能有效履行附件七第9条下的法定职责。

议题四 南海仲裁案的裁决对两岸关系的影响

本议题主要对南海仲裁案裁决对两岸关系发展的利弊进行分析,以及如何利用南海仲裁案裁决结果来推进两岸关系。

南京大学中国南海研究协同创新中心执行主任朱锋教授以"南海争议与两岸关系:北京和台北有合作的未来吗?"为题探讨南海仲裁案与两岸的关系。朱锋认为蔡英文在南海问题的处理基调不仅是要和大陆拉开距离,更是想要在南海议题上强化台湾"亲美亲日"的立场选择。南海问题不仅难以成为两岸关系的"合作点",甚至有可能成为两岸关系紧张新的"冲突点"。台湾针对南海仲裁裁决的"不接受"的立场虽与中国大陆的立场相似,但并非是蔡英文当局的初衷,而是鉴于仲裁裁决对台湾实控太平岛而拥有的南海权益的伤害,以及台湾被仲裁裁决伤害而骤然激发的民族主义情绪。蔡英文未来的南海政策,显然是要加强和美、日等国的协调,而不是立足于和大陆一起守护南海渔权和"祖产"。与此同时,美国也会加强对蔡英文政府的施压,避免两岸在南海问题上共同追求与美国政策及期望不同的南海行动。蔡英文的南海政策,必然被大陆解读为台北的"两岸关系政策"的一部分。南海问题也将成为大陆与台湾关系"转冷"的因素之一。蔡英文当局会在间接损害中国的南海政策主张和立场的道路上走多远? 有若干不确定的因素影响,这些因素可以具体化为未来民进党政府的南海政策选项:中国台湾同意以7月12日的仲裁裁决为基础和菲律宾谈判南海渔业协定，并延伸和其他南海声索国参照仲裁裁决谈判南海渔业协定；宣布中国台湾对太平岛的实占地位，而非法律认定的主权地位；放弃南海断续线和向美军开放太平岛等。蔡英文当局的上述政策选项一旦成行，均会被中国大陆视为是试图采取新的实质性"台独"的主张。

台湾师范大学政治学研究所教授王冠雄则非常关注大陆的南海岛礁建设对台湾的影响。他认为大陆在南海建设的七个岛礁已改变了南海的地缘格局，形成了强大的监测、控制能力，可以覆盖从台湾本岛往返太平岛和中洲礁的航路，未来会有更多两岸军事舰只和飞机"不预期相遇"。由此，两岸之间能否以及如何建立适当的航行管理机制变得重要起来，大陆在加强南海渔业管理方面也应负起更多责任，两岸可建立海洋事务共同研究工作小组，开展先期的调查研究。

台湾政治大学外交系赵国材教授则认为，南海仲裁案只是美国干涉南海事务的序幕，从2013年菲律宾片面提起仲裁案开始，美日就如影随形。从中、长期看，中、美两国在全球范围内全面展开的政治、经济和军事实力比拼必将持续下去。中国未来将通过不断加强对南海现有岛屿的实际控制和军事部署来"主导未来南海局势"。

中国人民大学国际关系学院王英津教授以"两岸南海维权合作的能与不能"为题，讨论未来两岸南海合作。认为两岸合作捍卫南海权益分为官方和民间合作两种。就目前两岸关系来讲，合作捍卫南海主权面临以下难点：第一，从政治基础上看，民共之间缺乏"九二共识"的支撑。第二，从态度上看，台湾方面没有与大陆合作的意愿。第三，从技术操作上看，缺乏可操作性。首先，台湾方面将以何身份和名义参与协商？其次，台湾方面有无自己独立的利益诉求？若有，那么这个利益诉求与大陆的利益诉求是什么关系？是基于一个中国的共同利益，还是独立于大陆之外的第三方利益？再次，参与协商时，台湾方面是否有独立表决的资格？若没有，台湾方面的参与就失去了意义，为此台湾肯定不会接受；若有，那么台湾的表决是否与大陆的一致？所以，从宏观层面看，似乎两岸官方有合作的可能，但从中观和微观层面看，尤其从技术操作层面看，两岸合作共同捍卫南海的可能性很小。两岸在南海主权争端中的合作问题，说到底是两岸政治关系定位问题在南海问题上的一个延伸部分。倘若蔡英文不接受两岸同属一中的"九二共识"，两岸在南海合作的可能性就很小。在官方共同捍卫的条件目前尚不具备的情况下，就应加大民间合作的速度、广度和深度，以补充因官方合作缺失而带来的不利影响。

厦门大学南海研究院院长傅崐成教授则主要从仲裁的法律属性方面来评价南海仲裁案和未来的法律发展。傅教授认为，"仲裁"是介乎"调解"与"诉讼"之间的程序。虽然仲裁程序允许第三方出面介入争端当事方的争执，并最终形成一项裁决。但是，由于它毕竟不是"诉讼"，它的程序非常温和，需要像"调解"一样，必须与当事各方进行友好协商，尽量在法理情兼顾的基础上，做出裁决。这就和"诉讼"不同。后者只要做到客观公正地兼听争端双方的理由，即可依法做出判决。因此，从"仲裁"与"诉讼"的法律属性来看，诉讼有可能做到"强制"管辖，而"仲裁"却根本不适合"强制"管辖。

议题五　两岸共同应对南海仲裁案的展望

本议题主要讨论了大陆和台湾针对南海问题和南海仲裁案的应对策略，并讨论了未来两岸如何共同应对。

台湾淡江大学国际研究学院王高成院长认为南海仲裁案公布后，两岸均表示不接受裁决的结果，但是双方仍有立场的不同，大陆方面仍强调对于南海的历史权利，台湾方面则强调对太平岛的权利。台湾仍然受制或顾虑美国的反应，对于与大陆合作共同因应南海问题的态度有所保留，两岸仍将停留在各自维护主权及权益的局面。

北京大学海洋研究院特聘研究员胡波研究员认为，仲裁裁决出台后，大陆和台湾都已表达了坚决的反对态度，某种程度上讲，双方在舆论和法理层面已经进行了不得已的合作或配合。大陆反对"南海仲裁案"的立场及意志不容置疑，下一步必将继续从外交、法理、舆论和现场各个方面，挫败、制止美菲等国将仲裁结果"变现"或变成"半张废纸"的企图。从目前的情况来看，大陆是在以静制动：降低舆论对仲裁案的关注度，不主动炒作，保持警惕，做好应对一切可能的准备。台湾蔡英文当局反对仲裁案实属迫不得已，主要是因为太平岛被裁定为"礁"。蔡英文向来是保太平岛不保断续线，只要国际社会不突出渲染太平岛为礁，蔡就可能在仲裁案问题上保持鸵鸟政策。

刘复国教授则对两岸共同应对南海仲裁案提出了具体建议。他认为两岸应从三方面就南海仲裁裁决积极努力，以形成两岸维权共识和对外的联合基础。第一，裁决中所指的历史性权利与南海断续线，两岸必须跳脱敌对的思维，寻求相互合作的利基，共同就法理和历史性论据响应之，并提出新论述基础。第二，尽管民进党当局当前的策略思维是重美、日，远大陆。但实际上也必须要顾及政策的成效与战略格局的利害。两岸应该寻求共同的战略利益作为合作基础，牵引台湾转变。第三，两岸必须要对彼此更具有弹性，才能化解当前的两岸停滞状态。强化共同论述太平岛的岛屿法理地位，挑战仲裁庭的裁决，巩固两岸对南海主张的根本基础。

中国社科院世界经济与政治研究所国际战略研究室主任薛力研究员的报告题目是"未来四年大陆南海应对方略与两岸协调"。他认为，"南海仲裁案"本身对中国的影响与损害有限,其主要意义在于:成为各方联合起来制衡中国的一个标志性事件,一个新起点。 主要表现为:美国作为导演与主演的角色将继续强化,日本、澳大利亚、欧盟、印度乃至更多的国家和地区将在更大程度上介入南海争端;东盟在南海问题上统一立场的趋势强化,加大对声索国的支持;声索国乃至印度尼西亚因为与中国的新争端而提起强制仲裁的可能性不能排除;柬埔寨、老挝等在支持中国上将面临更大压力,并索取更多的补偿。 在上述背景下,中国未来四年的南海应对有几种选择:强化对抗;按照既定方针,适时调整应对。 强化对抗可能导致中国在南海战略透支,并影响到其他目标的实现。 而按照既定方针,中短期内中国可能得到实际好处,但将在对外关系上导向更为强烈的对抗,与第一点殊途同归。 而适时调整应对,可能是更好的选项。 为此,中国需要在一场充分的讨论后确定新的南海方略:南海在中国国家利益中的位置、与国家统一的关系、与东海朝鲜半岛问题的关系、与全球海洋利益的关系、在中国—东盟关系中的地位、所能支付的最高成本与最低成本、退让的底线与应获得的回报。 对这些问题有了大致的答案,才能确定具体的实施措施。

"海峡两岸南海问题学术研讨会"创立于2002年,中国南海研究院与台湾政治大学台湾安全研究中心分别作为大陆和台湾方面的牵头单位,已经在琼台两地轮流举办了十四届涉南海问题学术研讨会。 论坛已经成为两岸南海研究专家学者交流合作的机制化平台,为促进两岸民间学术交流、共同维护南海权益、推动两岸南海合作做出了积极的贡献,也受到了两岸各界的高度评价和支持。 本次会议是民进党执政,两岸交流受到负面影响及菲南海仲裁案仲裁庭做出不利于两岸南海权益主张的特殊背景下召开的,会议议题设置紧扣菲南海仲裁案、两岸关系发展等热点问题,对探索两岸关系未来发展新路径,促进两岸南海合作具有特殊而重要的意义。

附录

中国南海研究院简介

中国南海研究院位于海口市江东新区,是以南海为专门研究对象并从事相关学术交流的专业学术研究机构。其前身是创立于1996年的"海南南海研究中心"。2004年7月,经国务院批准,"海南南海研究中心"正式更名为"中国南海研究院",由此迈入新的发展阶段。为进一步拓展南海研究事业,加强和完善学术网络建设,2013年1月研究院成立"中国南海研究院北京分院",2014年在美国华盛顿成立"中美研究中心"。

经过二十多年的探索和发展,研究院已经形成系统的涉南海和海洋问题研究领域,包括:南海战略;南海史地;南海地缘政治及周边国家的南海政策;国际法与南海争端;和平解决南沙争端的对策研究;南海资源开发利用与环境保护;海洋经济发展战略及体制机制研究和21世纪"海上丝绸之路"建设等。

目前研究院除海南本部外,还在北京和华盛顿设有分支机构。研究院下设海洋法律与政策研究所、海洋经济研究所、海洋科学研究所、海上丝绸之路研究所、对外交流部、办公室等部门。全院现有在职工作人员逾70人,并聘任国内外知名高校和学术研究机构的著名学者20余人作为资深兼职研究员。

目前,研究院已与美国、英国、澳大利亚、日本、韩国、新加坡、印尼、马来西亚、菲律宾和中国台湾等全球二十多个国家和地区的近百家知名智库建立了合作关系和学术联系。2013年4月,我院与南京大学等单位共建的"中国南海研究协同创新中心"入选首批国家协同创新中心(国家 2011 计划)。 2011 年迁入新址后,研究院拥有图书馆、南海档案文献库、会议室、多功能报告厅等完善的研究、会议和培训设施。 其中,图书馆及南海档案及历史文献库藏有涉南海和海洋的历史、政治、自然科学等各类中、英、法、日文书籍数万册,并收藏有一批珍贵的涉南海历史文献档案资料。

《南海评论》征稿启事

《南海评论》（英文名 South China Sea Review）是由中国南海研究院主办的一份专注南海问题研究领域的期刊，期刊将主要反映国内外南海研究领域的最新成果和最新动态，以推动中国南海研究的繁荣发展，为国家处理对外关系和涉海事务提供智力支撑。

本刊以"理论性、战略性、综合性和现实性"为办刊宗旨，设有国际法与实践、海洋权益、南海史地、海洋划界、一带一路、国际关系与地区安全战略等特色栏目。为介绍国外最新的有关南海问题研究的成果，本刊还设有南海研究动态、外刊译文、新书评介等栏目。热诚欢迎海内外学人，尤其是南海问题的资深专家惠赐佳作。来稿一经采用，本刊将奉上稿酬。

一、论文的内容要求

1. 问题明晰——清楚地提出要研究和探讨的问题；
2. 文献综述——简要评述前人的相关研究成果；
3. 研究创新——具有新观点、新方法或新论据；
4. 内容结构——观点鲜明、逻辑清晰、结论明确；
5. 行文规范——文字通顺、结构严谨，注释须符合本刊的规范要求。

二、论文的形式要求

1. 论文须提供中文和英文的内容提要、关键词、作者简介、论文写作背景。内容提要的字数一般在 300~400 字，须简要地阐述论文所要研究的主要问题与观点、采用的研究方法以及论文的主要结论；关键词需要提供 3~5 个；作者简介须标注作者的工作单位、学位、职称、所在城市、邮政编码和联系方式（电子信箱或电话）；论文的写作背景包括该论文是否受到基金项目和课题的支持以及对审稿人的致谢辞等。

2. 关于外国人名和专业术语的翻译。外国人名的翻译参照商务印书馆 2007 年出版的《英语姓名译名手册》、《德语姓名译名手册》和《法语姓名译名手册》；专业术语的翻译尽量规范化，在较为生僻或可能引起歧义的情况下请附原文。

3. 论文的注释规范请严格遵照本刊的要求，具体参见本刊的《引文注释规范》说明。

三、其他事项的说明

1. 本刊采用双向匿名审稿方式，所有来稿须经专家匿名审稿并修改后，方可在本刊刊登。文章发表后作者获赠样刊两本。

2. 来稿文责自负，学术论文篇幅控制在 1 万字以内，外刊译文和新书评介篇幅控制在 3 000~5 000 字，电子版用 Word 格式。本刊有文字修改权，如不同意，来稿时请注明。我们会尽快回复处理意见，但受人力和经费限制，本刊恕不退稿，稿件寄出 2 个月后未收到用稿通知可自行处理，请作者自留底稿。

3. 投稿一律寄编辑部收，勿直接寄予个人，以免丢失。来稿请注明专投本刊，严禁剽窃、抄袭行为，反对一稿多投。凡发现有此类行为者，本刊将予以追究，今后不再刊发其论文，并通报作者姓名。

4. 凡在本刊发表的文章获奖或被其他报刊转载、摘登等，请及时通告本刊编辑部。本刊允许转载、摘登和翻译，但必须注明出处，否则视为侵权。

5. 投稿发送至编辑部电子邮箱：nanhaireview@nanhai.org.cn；

本刊联系电话：0898-65789725/65789726；

传真号码：0898-65333304。